29.9세

29.9세

고선경의 12월

ㄴㄴ > < ㄷㄴ

차례

작가의 말 나 여기 살아 7

12월 1일 시 노력 13
12월 2일 산문 슈톨렌 17
12월 3일 시 12월 블루스 23
12월 4일 산문 폭설주의보 이후의 겨울 29
12월 5일 시 불꽃놀이 금지 35
12월 6일 산문 나의 겨울 무덤 39
12월 7일 산문 타이페이에 두고 온 주소 45
12월 8일 시 Winter Baby 49
12월 9일 산문 치명적으로 달콤한 53
12월 10일 산문 밀크티와 프렌치토스트 59
12월 11일 시 침사추이에서 비치로 가는 길 63
12월 12일 산문 원하기도 전에 이미 사랑하고 있어 67
12월 13일 산문 우리의 코미디 73
12월 14일 일기 언제나 한 모금씩은 사랑이 필요해 77
12월 15일 시 겨울 기르기 83

12월 16일 산문 29.9세　87

12월 17일 산문 언회피 버스데이　93

12월 18일 시 사실을 말하자면　99

12월 19일 메모 '죽어도 좋아'라는 제목의 시를 쓰고 싶다고 생각한 순간 '죽어도 좋아' 따위 쓸 수 없다는 걸 깨달았다　103

12월 20일 편지 너에게 기대　107

12월 21일 노트 안 쓰고 망하는 건 열받는다　115

12월 22일 시 벽난로 속 미래　119

12월 23일 산문 게임은 말이야　123

12월 24일 산문 청포도향 따위가 났을 리는 없지만　127

12월 25일 시 스노우볼　133

12월 26일 산문 게임은 아니고 쪽팔려도 된다　137

12월 27일 산문 나는 이 사랑이 거의 통증처럼 반짝인다고 느껴　143

12월 28일 시 누덕누덕　149

12월 29일 일기 기억 이후의 기억　157

12월 30일 시 청량리역　161

12월 31일 산문 폐장한 놀이공원에 끝까지 남아 있을 사람　165

작가의 말

나 여기 살아

 수능을 대차게 말아먹은 19.9세에는 상경해 고시원 방을 얻었다. 복도를 향해 난 창문 하나 때문에 월세를 몇만 원 더 얹어줘야 했던 그 방에서 시쓰고 밥 먹고 술도 마시고 그랬다. 가끔 친구라도 데리고 오면 다음날 무서운 포스트잇이 문에 붙던. 남의 핸드폰 알람 소리에 아침잠을 설치던. 한겨울, 옥상에 올라가 희뿌연 입김 너머로 반짝이는 왕십리 야경을 담담하게 내려다보던 나의 스무 살은 실은 담담하지도 당당하지도 못했다. 감추고 싶은 부위마저 예쁘다는 소리를 듣고 싶어 안달을 내는 사이 십 년이 가버린 것 같다. 그리고 나는 아직 내가 감추고 싶은 부위, 바로 그곳에 살고 있다. 술에 취해 고꾸라지느라 커다란 보랏빛으로 피멍이 들었던 무릎은 오래 걸으면 '나 여기 살아' 새삼스레

안부를 전하듯 여전히 욱신거리는데. 하필이면 그건 오래전 좋아한 남자의 집에서 있었던 일. 나는 같은 자리를 반복해서 다치는 머저리. 너는 잘 지내니.

　29.9세에는 0.1을 찾아 헤매볼 것. 이 책은 그런 다짐으로부터 출발했다. 차고 텁텁한 겨울 냄새 맡으면서 한없이 바깥을 걸었는데 0.1은 나의 바깥에서 구할 수 없다는 걸 깨달았다. 그러니까 나의 가장 깊은 안쪽에서 무언가가 '나 여기 살아' 말하고 있다는 건 알겠는데. 지난겨울에 선물받은 하얀 털장갑이 왜 한쪽뿐인지 이해되지 않는 것이다. 그것에 한쪽 손을 꿰어넣고는 충만함과 서러움을 동시에 느낀다. 내게는 언제나 모자란 0.1과 언제나 넘쳐흐르는 0.1이 있다. 끝나버린 사랑들과 끝나고도 끝나지 않은 사랑들. 게다가 끝내주는 사랑도 있지. 그 모든 걸 동결 건조시켜버리고 싶다. 그럴 수만 있다면 나는 더이상 떨릴 일도, 흔들릴 일도 없을 거야. 이렇게 생각하는 순간 내가 찾아 헤맨 0.1은 떨림이고 흔들림 그 자체였다는 것을 서글퍼지도록 갑작스레 깨닫고 말았다. 인생은 늘 이런 식이다. 어깨에 눈이 쌓인 나에게 우산을 씌워주는 사람 앞에서 어쩔 수 없어지는

것. 겨울은 결국 온기를 기억하기 위한 계절인 거지?

 아무짝에 쓸모없는 우산일지 모르겠지만 네 쪽으로 조금 더 기울이는 마음을 주고 싶다. 창백한 햇빛에 젖은 눈을 뭉쳐 원하는 모양으로 빚어보고도 싶다. 털장갑의 나머지 한쪽이 누구의 서랍 속에 잠들어 있든 상관없을 것 같다. 12월에는 흥청망청 놀고 마시며 한껏 들떠보기도 하고 내 안으로 깊이 잠겨 가장 밑바닥까지 가라앉아보기도 하자. 한 해의 마무리니 준비니 다 좋지만 우리는 여전히 남아 있는 0.1의 가능성에 기대어 꿈꿔보자. 실은 아무것도 끝나지 않았고 아무것도 시작되지 않았다. 그것이 내가 12월에게서 배운 가능성이다. 술기운에 휘청댄다거나 추위에 바들바들 몸을 떤다거나 그래서 우리가 서로 어깨를 겯어볼 수 있다거나.

 나 이 빙판길 위에서 많이 미끄러졌어. 엉덩이 좀 깨져봐서 아플 때 아픈 줄 잘 알고 병원도 잘 가. 그러니까 너도 잘 가. 가슴 떨리게 설렜던, 손에 땀을 쥐도록 긴장하느라 자주 우스워졌던, 수도 없이 흔들리느라 내내 멀미를 느꼈던,

0.1을 뺀 나머지만큼 사랑했던 나의 이십대. 도무지 사랑할 수 없는 기억까지 가지고서 나는 서른으로 가. 잘 가, 잘 가.

12월 1일

시

노력

유서의 마지막 페이지를 읽고 엉엉 울었다
내가 이보다 좋은 유서를 쓸 수 있을 것 같지가
않아서

길을 걷다가
수제화 거리라는 글씨를 수채화 거리라고 잘못 봤다
신발 한 켤레 훔쳐본 적이 있다던 친구가 떠올랐고
유난히 앞코가 반짝였을 테지 마음대로
상상했다 상상은 수채화처럼 번져서

화장실 전구를 갈 때 눈부셨다
너무 환한 자정 거울에 내가 비친다는 사실에

화들짝 놀랐고 애써 다른 얼굴을 상상하려고도 했다

친구는 허언증이었다
내가 하는 말을 모두 믿었다
그러라고
나 진짜 노력했다

성북천에서
검은 물속을 오래 들여다보았다
돌계단에 선 채 비릿한 냄새 맡았고
개의 목줄이 버려져 있는 걸 발견했다

그때 나는 누군가에게 전화를 걸었다
뒤에서 큰 개가 덮쳐올 것도 같았지만
그런 일은 일어나지 않았고

전화기 너머에서는 맑고 시원한 웃음소리가 들려왔다
지나가던 어르신이 나를 향해 소리를 질렀다
거기서 빨리 나오라고

나는 도무지 그럴 수가 없는데
너처럼

12월 2일

산
문

슈톨렌

 카페 통유리창 너머로 흩날리는 눈발을 본다. 단골 카페에는 올해 첫 슈톨렌이 개시되었다. 입자가 곱고 새하얀 슈거파우더로 둘러싸인 빵이 꼭 눈에 파묻혀 있던 걸 꺼낸 것 같다. 한 조각 잘라 입에 넣을 때마다 입술에 눈가루가 묻는 것 같다. 손가락으로 가볍게 털어본다. 이런, 립밤을 발라뒀군. 앉아 있는 자리 맞은편 벽에는 리스로 장식된 거울이 달려 있다. 검은 비니에 헤드셋, 헐렁한 후드티를 입은 내가 보인다. 겨울의 나는 왠지 화장한 얼굴보다 맨얼굴이 더욱 마음에 든다. 맑고 투명한 마음을 가지고 싶으니까. 깨끗하게 한 해를 비워내고 다가올 새해를 기다린다. 조금도 초조하지 않게.

헤드셋에서는 우타다 히카루의 〈First Love〉가 흘러나온다. 오랫동안 반복해 듣고 있는 노래. 마지막 키스는 담배맛이 났어요. 이런 가사로 시작되는 노래. 며칠 전 죽음에 대해 생각하다가 내 생의 마지막 키스는 언제일까 같은 질문을 떠올린 적 있다. 내가 그런 시시껄렁한 감상에 빠져 있을 때 엄마는 누군가의 부고를 듣고 장례식에 가야 한다며 기차표를 예매해줄 수 있느냐고 물어왔다. 왜 엄마는 핸드폰 애플리케이션으로 기차표 예매조차 하지 못하는 것일까. 피자가 먹고 싶은, 일 년에 몇 번 안 되는 날에도 멀리 떨어져 사는 나에게 연락을 해온다. 딸, 엄마 피자 먹고 싶어. 피자 시켜줘. 내 엄마는 친구들의 엄마보다 어리숙한 건지 이르게 늙어버린 건지 잘 모르겠다.

슈톨렌을 보면 반사적으로 안희연 시인의 「슈톨렌」이 떠오르는데, 그 시에는 "빵을 먹으며 죽음을 이야기"하는 친구가 나온다. 반려견이 죽었지만 짐짓 아무렇지 않은 듯이 빵을 입에 넣고 맛있다고 말하고 밖에 나가 눈사람을 만들며 겨울을 만끽한다. 그러나 완성된 눈사람은 친구가 가진 그리움의 형상을 띠고 있다. 그리움도 눈사람처럼 천천히 녹는 성질의 감정일까? 언젠가 나도 참담한 마음을 겨우 일으켜보는 심정으로 눈사람을 만든 적이 있는데. 찰랑찰랑 고여 있던 그리움이 무섭게 불어나 거의 익사할 지경이라고 생각했는데. 그때는 그리움이 녹는 게 아니라 내가 녹아 그리움의 일부가 되어버릴 것 같았다. 그게 고작 사 년 전이라는 걸 떠올리면 아연하다. 통유리창 밖으로 휘날리는 눈발은 굵어졌다 가늘어졌다 반복하지만 쉽게 멈추지 않을 것 같다. 그렇구나, 그런 거였구나. 뭔가 깨달은 척하면서 나는 엄마를, 엄마의 시간을 가늠한다.

 슈톨렌을 다 먹고 난 접시에는 슈거파우더와 빵 부스러기가 뒤섞여 있다. 누군가가 밟고 지나간 눈길처럼 지저분해 보인다. 겨울에 나는 화장한 얼굴보다는 화창한 얼굴이 좋고 슈거파우더는 저절로 녹지 않는다. 입김만 뱉어도 쉽게 흩어져버린다. 이런 것들이 뭔가를 깨닫게 하지는 않는다. 다만 슈톨렌을 먹고 난 뒤에는 연말이라고 꼭 한 해를 눈앞에서 깨끗이 치우기 위해 급급할 필요는 없구나 생각한다. 그래, 조금은 초조했는지도 모른다. 행복한 연말 보내라는 친구들의 애정어린 연락을 받으면서 어떻게 해야 행복한 연말을 보낼 수 있는지 고심했는지도 모른다. 달콤한 걸 먹으면서 달콤하다고 말하는 것 말고도 뭔가 좋은 수가 있지 않을까 하고. 크리스마스를 기다리며 실내 여기저기에 비치해둔 인테리어 소품들을 화장한 얼굴처럼 장식적이라고 여길 필요도 없을 텐데.

 문득 리스를 두른 거울에 비친 나는 어리숙해 보이기도 이르게 늙은 것처럼 보이기도 한다. 사람의 맨얼굴이란 원래 그렇다. 그나저나 내 귓가에서 여전히 반복 재생중인 우타다 히카루의 노래는 제목을 첫사랑이라고 지었으면서 어째서 마지막 키스를 회상하는 걸까? 당신과의 마지막 키스는 아직 시작되지 않았을지도 모르는데. 아주 오래된 옛날이야기처럼 만들어지고 전해졌을 슈톨렌을 사실 나는 오늘 처음 먹어봤다. 입안 가득히 남은 단맛이 분명 설탕 맛인 걸 아는데도 이전까지 내가 알던 설탕 맛과는 다르게 느껴진다. 뭐랄까, 바닥에 닿아본 적 없는 눈처럼 맑고 투명한 단맛 같다.

 그건 아마 내가 아끼던 그리움이 혀끝에서 녹아버렸기

때문일 테지. 처음을 아껴온 슈톨렌처럼.

12월 3일

시

12월 블루스

우리 즐거웠지 한 칸짜리 방안에서 나무가 앙상한 거리에서 광장에서

꼬박꼬박 미안해했다
마음을 주무르고 내팽개치고
아름다움에 관해서는 더이상 할말이 없고

지상은 시끄럽다
잘 들으려고 노력했는데

우리는 왜 즐겁고 서로에게 미안한 걸까

실은

이 모든 게 견딜 만했다는 게

가장 견딜 수 없는 진실이었지

좋은 사람이 되고 싶어

좋은 목소리와 좋은 걸음걸이를

구사하고 싶어

세상은 좋은 세상을 꿈꾸기나 할까?

이런 목소리

이런 걸음걸이는 시끄러운가

우리의 시대라는 말이 나는 싫습니다

왜 우리가 시대를 책임지냐 시대가 우리를 책임져야지

볼멘소리하면서 우리가 얼마나 즐거웠냐고

무력감을 느낄 때 너 혹시

우리라는 말이 싫었느냐고

미안보다는 미움이 더 강한 결속력을 만든다는 말
틀리지 않았다

그래서 미워했다
내가 견뎌낸 것들

맨발로 태어난 건 여기가 지상이기 때문
어디서든 춤을 출 수 있기 때문

블루스
블루스

이 시끄러운 이 좋은
우리가 시대다

너를 만나서 즐거웠고
만나서 미워했다

아름다움에 관해서라면 이렇게 말할 수 있겠다

이제는 말할 수 있겠다

12월 4일

산
문

폭설주의보 이후의 겨울

 하룻밤 사이에 눈이 무섭게 쌓였다. 나는 미도의 본가에 와 있었지만 미도의 본가가 어디인지 정확히 알지 못했다. 속초에서도 구석진 시골 마을이라는 것 빼고는. 주변 편의 시설이라면 주유소 하나와 감자옹심이를 파는 음식점 하나뿐일 정도로 외진 동네였다. 고속버스터미널까지 얼마나 걸리는지는 감도 안 잡혔다. 내가 그토록 망연자실해 있는 건 비단 미도의 집이 시내에서 한참 떨어진 후미진 곳에 위치해 있기 때문만은 아니었다. 산등성이가 새하얗게 덮인 건 물론이고 마당에 쌓인 눈은 무릎까지 올라왔다. 더욱 절망적인 건 여전히 함박눈이 쏟아져내리고 있다는 사실이었다. 망했다. 오늘은 서울에 가는 날인데. 마당에서 기르는 흰 고양이 설이는 어디로 숨었는지 보이지 않았다.

미도는 별일 아니라는 듯 빙글빙글 웃으며 어깨를 으쓱였다. 하루 더 자고 가. 미도야, 내가 여기 온 지도 벌써 일주일째잖아…… 너희 어머니께서 나를 뭐라고 생각하시겠니? 한숨을 푹 쉬었다. 하지만 뉴스에서도 폭설주의보라는데 달리 방도가 없었다. 그야말로 완벽한 고립이었다. 눈부시게 하얀 절경 앞에서 막막함을 느끼고 있자니 미도가 손짓했다. 장작과 안 읽는 신문, 폐지를 불쏘시개 삼아 불을 피운 아궁이 앞으로 나를 데려갔다. 와봐, 빨리. 아궁이 앞에 앉은 미도의 발그스레한 뺨이 찬바람에 얼어서인지 일렁이는 불 때문인지 분간되지 않았다. 하릴없이 미도 곁으로 가 앉으면 미도는 투명한 비닐봉지 속에 손을 넣고 부스럭거렸다. 희고 말랑말랑한 마시멜로를 두 개씩 꺼내 쇠젓가락에 꽂았다. 어디서 났어? 너 이거 해보고 싶어했잖아. 고개를 세차게 끄덕이는 나를 보며 미도가 의기양양한 얼굴로 웃었다. 그렇게 호기로웠던 것치고는 마시멜로 한 개를 완전히 태워버렸지만. 두번째 마시멜로는 겉만 황금빛으로 바삭하게 그을리고 속은 완전히 녹아 극강의 단맛과 부드러움을 자아냈다. 그렇게 구운 마시멜로를 두 개, 세개 먹다보면 서울에 가지 못한 게 그리 억울하지 않았다. 야…… 내가 여기 싫어서 가려고 그러냐. 폐 끼치는 것 같아서 그렇지. 그곳에 있는 동안 미도와 미도의 어머니께서 해주는 밥이나 먹고, 등 따시고 배부르니 좋았지만 마음이 영 불편한 건 사실이었다. 게다가 미도는 자꾸만 온 식구에게 나랑 결혼하겠다고 숨쉬듯이 선언을 해댔다. 그럴 때마다 나는 아니에요, 아니에요, 그런 사이 아니에요 손사래를 쳤지만 정작 식구들은 신경도 안 썼다. 모든 일에 그러든가 말든가 하는 식이었다. 내가 하루만 더 신세지겠다고 했을 때도 그랬다. 그러든가 말든가. 이제 와 생각해보면 그건 무뚝뚝하고 사려 깊은 식구들의 다정한 배려였던 것 같다.

하지만 그때는 나에게 좀처럼 무신경하지 못한 게 미도뿐이라고 생각했다. 취업 때문에 제주도로 가게 된 미도가 펑펑 울며 나랑 멀어지지 않겠다고 약속해, 했을 때도 왜 이렇게 유난일까 싶었다. 멀어지기는 왜 멀어져. 직장 생활만 잘해. 몇 달 후 미도는 비행기 표를 보내왔다. 자기가 움직일 수 없으니 내가 오라는 것이었다. 기뻤다. 흔쾌히 표를 받아들고 비행기에 몸을 실었다. 미도를 보러간다는 생각에, 게다가 서울이나 속초가 아닌 제주라서 설렜다. 여행 가는 기분에 걸맞은 날씨. 바다는 맑고 푸르게 빛났고 햇살은 환하게 쏟아졌다. 미도를 만나러 가는 길은 그랬다. 아닌가. 짐이 무겁고 날씨는 무더워서 짜증이 치밀었던가. 오랜만에 마주한 미도는 어딘가 달라진 느낌이었다. 훌쩍 커버린 것 같기도 했고 전에 없이 어리광을 피우고 싶어하는 것 같기도 했다.

왜 싸웠는지는 기억나지 않는다. 소리를 질렀던가? 말없이 서로를 쏘아봤던가? 사람이 많은 바닷가에서 미도를 두고 돌아선 채로 저벅저벅 걸었다. 갈 곳이라고는 어차피 미도의 회사 기숙사 방뿐이었는데도. 내가 미도를 거기에 그렇게 세워 놓고 혼자서 가버린 것. 그 일 자체가 미도에게는 커다란 상처가 되리라는 걸 알았다. 왜 그렇게 비수를 꽂은 뒤에 정말로 상처가 났는지 확인하고 싶어했을까? 내가 서울로 돌아온 뒤 우리는 화해를 했다가 서먹했다가 잘 지냈다가 결국은 멀어졌다.

미도를 끝없이 밀어낸 적이 있는가 하면 곁에 두기 위해 무릎을 꿇은 적도 있다. 그럴 때마다 번번이 나를 달래거나 받아주었던 미도는 이제 온데간데없다. 가장 그리운 건 한겨울 쇠젓가락에 마시멜로를 꽂는 로망이 실현됐던 때가 아니라, 실수를 만회할 수 있을지 모를 제주에서의 며칠이 아니라, 미도의 작은 자취방에서 매일같이 철 지난 게임이나 하며 시간을 죽이던 때다. 그 모든 시절은 폭설 같은 시간에 덮여 흔적 없이 사라졌다. 남은 건 미도가 없는, 미도와 함께한 시간이 담긴 사진 몇 장뿐. 끝내는 나에게 무신경하지 못한 게 나뿐이라는 생각이 든다.

P.S.
2016년에 스무 살이었던 미도에게, 늦었지만 결혼 축하해. 첫눈처럼 아름다운 네가 오래오래 행복하기를 빌어.

12월 5일

시

불꽃놀이 금지

미안해 너를 행복하게 해주겠다고 호언장담했던 나날
나는 원래 허세가 심해
이 정도로는 안 취해

강릉에서 삼척해변까지 가는 열차가 있대
밤새 통화를 하다가 까무룩 잠들었던 일

기념품 가게에서 오래 만지작거리던 게 있었는데
어느 여행지에서였을까
전망대와 케이블카

강원도 바닷가 마을에 내린 폭설로 고립된 적 있다

바다열차를 타고 해안선을 따라가고 싶었지만

틀어둔 티브이에서는 옛날 드라마가 재방송중
저 사람 요즘 뭐하지? 물으면 네가 대답해주었다
이후에 찍은 작품이 잘 안됐다고 모조리 망했다고

누군가의 유일한 히트작이라는 게
별 대단한 의미는 아니고
이따금 SNL 같은 프로그램에 나와
철 지난 웃음 유발하기

언제쯤 입금되나요?
문자를 썼다 지웠다

미안해 너를 좋은 곳에 데려가고 싶었는데
좋은 곳이란 어떤 곳일까 너는 잠귀가 밝고
나는 상상력이 모자란 것 같아

바닷가에서는 불을 피우는 대신 돌을 던졌다

죽고 싶은 마음이 잠잠해지던 전속력
따라가기 모자란 폐활량

폭설이 그친 뒤에는
어른들이 직접 눈 녹이는 약을 뿌리기도 했다는
옛날이야기를 들었다

바다열차는 이미 운행을 종료했다고 한다

12월 6일

산
문

나의 겨울 무덤

증조할머니는 친할머니와 단둘이 수십 년을 사셨다. 전라북도 장수군의 한 시골 마을, 온갖 잡동사니를 넣어둔 방 하나 딸렸을 뿐인 초가집 같은 집에서. 우리 가족은 명절이나 되어야 그 집에 갔고, 나는 한 시간이 채 지나기도 전에 자리를 뜨고 싶어 엉덩이를 들썩거리는 아이였다. 할머니가 켜둔 TV에서는 설 특집 트로트 무대가 끝없이 펼쳐졌다. 그곳에 나나 동생들이 즐길 만한 오락거리는 전혀 없었다. 그 집은 시골 마을에서도 워낙 구석진 곳에 자리해 있어서 이웃집조차 드물었다. 집 주변은 온통 밭이었다. 배추밭, 고추밭, 옥수수밭 같은 것들이 녹다 만 눈에 듬성듬성 덮여 있었다. 그리고 뒷마당에는 누가 묻혀 있는지 모를 무덤이 두 개 있었다. (지금은 그 무덤들이 고조할머니와 증조할아버지의 것이라는 걸 알게 되었다) 둥글고 커다란, 언덕처럼 생긴 무덤들 주변을 동생들과 뛰어다니며 술래잡기를 하는 게 그곳에서의 유일한 놀이였다.

 아무도 몰랐겠지만 나는 가끔 혼자서도 그곳에 갔다. 심상하게 주변을 빙 돌다가 양팔을 펼치고 풀썩, 쓰러지듯이 무덤을 끌어안았다. 그때 한쪽 뺨에 닿던 풀들의 까슬함과 차가움. 언제나처럼 그 자리에 있는 무덤이 어떤 지킴이라도 돼 보였다. 희고 어둑하고 춥디추운 겨울의 시골 마을. 증조할머니와 친할머니는 어떻게 그 긴 시간을 오직 둘이서 보낼 수 있었던 걸까? 어린 내가 그곳에서 느낄 만한 가장 큰 고민거리는 심심함이었기 때문에 두 할머니는 좀체 심심함이라는 걸 느끼지 않는 걸까 늘 궁금했다. 그러나 여쭤보지는 못했다. 정말로 심심하시다 할까봐서였다. 내가 자주 와서 할머니들과 오순도순 시간을 보내겠다는 약속은 할 수 없었으니까.

 그 작은 집에서도 한쪽은 냉골인가 하면 한쪽은 찜통이었다. 할머니들은 어린 나와 동생들을 가장 따뜻한 아랫목에 앉혔다. 그래서 내게는 유년의 겨울에 관한 기억이라고 하면 펄펄 끓는 듯한 시골집 바닥이 가장 먼저 떠오른다. 할머니 집을 빨리 떠나고 싶어서 엉덩이를 들썩거린 데에는 그 뜨거운 온돌바닥이 한몫했다. 할머니가 아궁이에 장작을 때러 갈 때마다 식겁했던 기억이 난다. 너무 뜨거운 곳에 피부가 닿으면 따갑기까지 하다는 것을 나는 그때 알았다. 지금은 돌아가신 증조할머니의 마음이 꼭 그랬다. 이다음에 커서 훌륭한 사람 되어야 해. 나를 사랑스럽게, 또 자랑스럽게 바라보던 눈빛을 자꾸만 피하고 싶었다. 저는 별로 훌륭해지고 싶지 않은데요. 그런 말은 할 수 없었다.

내 어린 시절, 설날마다 찾았던 시골 마을에서 본 고요한 풍경들. 차갑게 식은 밭과 듬성듬성 쌓인 눈. 밤이 되면 켜지는 가로등 불빛이 쌓인 눈을 오렌지 빛깔로 비추곤 했었다. 또 잊을 수 없는 감각도 있다. 무덤을 덮은 마른 풀의 까슬함과 펄펄 끓는 아랫목의 뜨거움. 잡동사니로 둘러싸인, 하나뿐인 방안에서 또래 사촌들과 무서운 이야기를 지어내던 시간들. 그 시간의 틈새로 증조할머니의 차갑고 쪼글쪼글하며 캄캄한 손이 비집고 들어온다. 할머니가 말한 훌륭한 사람은 마냥 추상적이기만 한 훌륭한 사람이 아니었다. 여자라고 무시하지 못할 만큼 권력을 쥐어보라고 하셨다. 그러나 내게 중요한 것은 우리가 얼마나 더 재미있게 놀 수 있는가였지. 권력을 쥐기에는 작기만 한 내 손을 애달플 정도로 주무르던 할머니의 손길이 아니라.

 지금은 그 초가집 같은 남루한 옛집과 백 미터쯤 떨어진 곳에 지은 새집에서 친할머니 혼자서 지내신다. 나를 비롯한 우리 가족은 여전히 명절이나 되어야 할머니를 뵈러 간다. 헐지 않고 그대로 둔 옛집을 나는 홀로 찾아가 무덤가를 서성이지 않고, 재래식 화장실 앞에서 몰래 담배를 피운다. 타들어가는 담배 끄트머리의 불그스름함을 바라본다. 그 작은 불씨는 점점 커다래져서 할머니가 장작을 넣어 때던 아궁이를 떠올리게 한다. 아궁이 위로 피어오르던 연기가 담배 연기와 섞여 함께 흩어진다. 나는 훌륭한 사람이 되지 못했고 여전히 어떻게 해야 더 재미있게 놀 수 있는지를 궁리한다. 내 유년의 무덤을 미끄럼틀 삼아서.

12월 7일

산
문

타이페이에 두고 온 주소

일주일간의 여행 내내 비가 내렸다. 택시 기사는 여자 혼자 여행을 오다니 대단하다고, 나를 향해 엄지를 세워 보였다. 차창 밖으로 보이는 건물들, 간판들이 빗물에 녹아내렸다. 호텔 방으로 돌아가면 모든 게 잘 정돈돼 있었다. 시먼딩 거리가 내다보이는 고층 호텔 방이었고, 나는 맥주 한 캔을 마신 뒤 목욕을 하고 잠이 들었다. 다음날 아침에는 근처 베이커리에서 소보로빵을 사 먹었다. 부드럽고 따뜻한…… 빗물은 여전히 타이페이를 헐고 있었다. 나는 나의 내부에서 생각이 건축되고 파괴되기를 반복하는 광경을 지켜보았다. 생각은 너무 멋지거나 너무 앙상하거나 너무 멋지면서 앙상했다. 우산에 부딪힌 빗방울들이 끈적하게 미끄러져내렸다. 우비를 입고 오토바이를 모는 사람들이 도로를 질주했다. 나는 여전히 빗속이었고 잠 속이었고 호텔 방의 베갯잇 속이었고 아니, 무감하게 지난 여행을 떠올리는 서울이었고 서울의 택시 안이었다. 택시 기사가 급하게 먹던 소보로빵을 봉투 속에 도로 집어넣었다. 향긋하고 감미로운 냄새가 차 안을 맴돌았다. 나는 아무런 불만이 없었다. 여행하는 내내 비가 내렸어도. 그저 모든 게 내게 너무 친절하다……고 생각했다. 생각은 어떻게 파괴되고 재생되더라. 여기서 멈춰주세요. 택시에서 내려 눈에 보이는 아무 건물 안으로 들어갔다. 벽의 허리 정도 높이에 쇠못이 박히다 만 채로 방치되어 있었다. 거기에 우산을 걸었더니 꼭 알맞았다.

12월 8일

시

Winter Baby

나 좀 좋아해줘

말하는 대신 체리 향기 나는 담배를 피우고 싶어요 중얼거렸다

밤은 어둠을 끈적이는 시럽처럼 쏟아내는데 형, 시간이 인공위성처럼 느려요 내가 취한 게 아니고 십이월의 나무들이 알전구를 감았어요

하루아침에 겨울이 온 게 아니듯이 순식간에 어질러진 마음 아니고

빈 가지에 걸린 심장처럼 포도송이 열린 거예요

버려진 아이스박스 곁에 앉은 고양이가 발을 핥는 동안
나는 얼어붙은 수국이었던 거죠

왜 눈앞에서 버스가 멈추고 사람들이 내리고 입김이 흩어지고 약에서 단맛이 나는지 이해하지 못해요

우리가 서로의 서랍에 넣어둔 풍경은 어떤 내용의 안팎이었을까

엽서 안쪽에서는 그림이 녹고
켜켜이 쌓인 영화 포스터가 찢어진다

담뱃재 같은 눈이 나부끼느라 덜컹대는 서랍처럼
먼 곳에서 보낸 크리스마스에 우린 오래된 캐럴을 들었잖아요

손에 쥔 지팡이 사탕이 따뜻해져가고
우연치 않게 체리 향기를 맡게 되고

지금처럼 파란 달빛 아래에서 이마가 차가워져본 적이 있다면, 형

내 사랑이 인공위성처럼 느려요

어디 가보지 않은 곳에 있지 않고 여기에 있어요

12월 9일

산
문

치명적으로 달콤한

 다이어트를 결심한 뒤로 후각이 예민해졌다. 지금 앉아 있는 카페에서는 달콤하게 졸여지는 딸기잼 냄새가 코를 찌른다. 절대로 먹지 않을 거야. 딸기쿠키, 딸기케이크, 딸기타르트 절대로 맛있을 거야. 먹지 않아. 겨울의 제철 과일 딸기는 내가 제일 좋아하는 과일이다. 여전히 달콤하고 잔인한 향기를 맡으며 나는 초저칼로리의 아이스 아메리카노를 마신다.

 생각해보면 초등학생 때부터 성장이 빠른 아이였다. 6학년 때 키는 163cm를 웃돌았다. 뭐든 잘 먹었고 잘 뛰어놀았다. 2차 성징과 함께 찾아온 사춘기도 남들보다 이르게 받아들여야 했기에 삶이 퍽 성가시기도 했지만. 그러니까

'아이'보다는 '소녀'에 가까워졌을 무렵, 같은 반 남자애들의 동경과 열등감에 찬 짝사랑에 시달렸고 좋아하는 아이돌을 가까이서 볼 수 없어 가슴 아파하고는 했었다. 그리고 학업에 대한 스트레스. 나는 남들보다 우월해야 한다고 믿었기에 (대체 왜?) 공부도 게을리하지 않았고 같은 반 친구들과 대화할 때는 적당히 소격감을 느꼈으므로 세상을 좀 안다고 생각했다. 물론 다 망상이었지만.

이 이야기를 하는 이유는 내가 사춘기에 접어들어 실존적이거나 허울뿐인 고통을 느낄 즈음에는 급격히 살이 찌기 시작했다는 이야기를 하기 위해서다. 그때 나는 양치를 꼬박꼬박 해도 반드시 이를 썩게 만드는 종류의 달콤한 간식들에 중독돼 있었다. 특히 부모님은 집에 항상 오리온 초코파이를 쌓아두었는데, 가뜩이나 초코파이의 도시인 전주(풍년제과를 아세요?)에서 한 상자에 스물네 개씩 든 초코파이는 정말이지 지긋지긋한 애물단지에 불과했다. 그렇다면 보통은 먹지 않고 내버려두기 마련이다. 그랬더라면 식탁 위 둥근 접시에 놓인 초코파이의 개수는 줄지도 늘지도 않았을 것이다. 하지만 나는 초코파이를 맛있게 먹을 방법을 궁리했다. 그리하여 초코파이를 냉동실에 얼려도 보고 전자레인지에 데워도 본 것이다. 그리고 그건 나에게 신세계를 보여주었다. 이렇게 간단한 방법으로 초코파이를 맛있게 먹을 수 있다니! 나는 곧 초코파이 표면에 코팅된 초콜릿과 빵 사이의 마시멜로를 가장 맛있는 상태로 녹일 수 있는 최적의 시간(전자레인지에 오 초)까지 알게 되었다. (얼린 초코파이도 충분히 맛있지만 긴 기다림을 요했으므로 전자레인지에 녹이는 방식을 택했다.) 그렇게 먹어치운 초코파이 수십 상자는 착실하게 나를 살찌웠다.

훗날 내가 성인이 되었을 때 엄마가 들려준 이야기. "엄마는 말이야. 스무 살 때 회사 경리로 일하면서 에이스 과자를 믹스 커피에 찍어 먹는 데 맛들렸지 뭐니. 그때 찐 살이 지금까지도……" 엄마에게 에이스 과자와 믹스 커피가 있었더라면 나에게는 오리온 초코파이가 있었다. 우리는 왜 그저 그런 간식을 보다 맛있게 먹을 방법을 반드시 찾아내고는 했을까? 며칠 전 내 친구 연초가 오징어집 과자를 마요네즈에 찍어 먹는 걸 따라 했다가 육성으로 욕을 뱉은 기억이 난다. 야, 존나 맛있어. 너 대체 이걸 언제부터 이렇게 먹은 거야? 너 미쳤어? 천재야? 그러자 연초는 의기양양한 미소를 지으며 십 년도 더 된 일이라고 지난 과거를 감미롭게 회상했다. 우리에게는 대체 어떤 유전자가 흐르고 있는 것일까.

초등학생 때 건강 검진을 받고 자신이 과체중이라는 사실에 충격받아 엄마에게 전화 걸어 울던 나에게 말해주고 싶다. 지금이 네 인생에서 가장 마른 시기란다. 다시 없을 시기란다. 멍청해 보이는 친구들과도 마음껏 놀고 추억을 쌓으렴. 이렇게 적고 보니 카페를 가득 채운 딸기잼 냄새보다 나 자신이 더 잔인한 것 같다. 하지만 당분간은 잔인한 것들과 작별할 거야. 딸기쿠키 안녕, 딸기케이크 안녕, 딸기타르트 안녕. 나의 오랜 습관 같은 다이어트가 다시 시작됐다.

어디선가 동경과 열등감 냄새가 난다. 치명적으로 달콤하다.

12월 10일

산문

밀크티와 프렌치토스트

 일본에 킷사텐이 있다면 홍콩에는 차찬텡이 있다. 차찬텡은 음료와 디저트부터 요리까지 취급하는 카페이자 식당이다. 홍콩에서 내가 반한 장소는 구룡공원, 익청빌딩 말고도 많지만 차찬텡, 그중에서도 미도 카페가 제일이었다. 미도 카페의 벽과 바닥에는 타일이 발려 있어 목욕탕을 연상케 했는데 레트로한 분위기가 더해져 왕가위 영화 속에 들어온 듯한 기분을 느끼게 했다. 말끔하게 정돈된 모습은 아니지만 일부러 그렇게 연출한 영화 세트장 같았달까. 무엇보다 밀크티와 프렌치토스트가 맛있었다. 부드럽고 진한 맛의 밀크티는 혀를 녹이는 것 같았고 햄과 치즈가 들어간 프렌치토스트는 달콤하면서도 짭조름해서 하나를 더 시켜도 물리지 않을 것 같았다. 젖소 그림이 그려진 찻잔마저 마음에 들었다. 차찬텡. 차찬텡. 발음도 귀엽지. 나는 그런 곳의 주인이 되기보다는 소품이 되어보는 상상을 한다. 앞치마나 식탁보, 먼지 낀 선풍기, 전화기…… 킷사텐에 다녀와서 쓴 시가 「메론소다와 나폴리탄」이었는데 차찬텡을 배경으로 한 시를 쓴다면 「밀크티와 프렌치토스트」가 되려나. 무조건 부드럽고 달콤한 시일 것 같으니까 씁쓸함을 첨가해주어야지. 그리고 주성치가 나오는 영화처럼 웃기고 슬프게 하는 거다. 나는 주성치 영화 중에서는 〈희극지왕〉이 제일 좋은데 그 영화는 하나도 안 웃기다. 안 웃겨도 좋다.

그러고 보면 나는 '웃김'을 은근하게 요구받고는 했다. 첫 시집이 인터넷, 특히 여러 SNS에서 '웃긴 시집'으로 알려진 까닭이다. 한번은 낭독회에서 누군가에게 '생각보다 안 웃기시네요'인지 '생각보다 진지하시네요'인지 하는 말을 들었는데 그것이 꽤 충격적이었고 충격적이었던 나머지 정확한 표현을 까먹어버렸다. 그리고 나의 내면 깊은 곳에서는 진지하다는 말과 안 웃긴다는 말을 동일시하고 있었다는 사실을 방금 깨달았다. 또다른 일화도 있다. 패션 잡지에 인터뷰가 실리게 되어 촬영을 하기로 했는데 콘셉트 설명에

'유쾌하고 유머러스하게'라고 적혀 있는 것이다. 나의 개성을 살리는 방향으로 정해진 콘셉트라기에 그렇군, 나의 개성은 유쾌함과 유머러스함에 있군 생각했다. 하지만 언젠가 내 시가 안 웃겨지면 어쩌지? 게다가 내 시는 MZ하다는데, 내가 마흔이 되어서도 MZ한 시를 쓸 가능성은 묘연하기만 하다. 그런데 그것이 마음에 든다. 영원한 건 없다는 말만이 영원하다는 식의 농담 같다. 웃길 줄 알고 재생한 주성치 영화가 하염없이 슬퍼서 좋았지. 「밀크티와 프렌치토스트」는 웃겨도 되고 안 웃겨도 된다. 슬퍼도 되고 안 슬퍼도 된다.

실은 밀크티가 엄청나게 짰다고 치자. '프렌치토스트에서는 신맛이 났어요'라고 써보자. 이건 거짓말이지만 '농담입니다' 해버리면 거짓말이 아니게 되고 농담은 진담이어도 된다. 차찬텡. 차찬텡. 덥지도 않고 춥지도 않아서 꼭 애매하게 춥거나 더운 12월의 홍콩에 두고 온 시가 있다. 내일 그 시를 쓸 것이다.

12월 11일

시

침사추이에서 비치로 가는 길

산타클로스 모자를 쓰고 달리는 러닝 크루
12월에 우리 아이스 아메리카노 마시면서 땀 흘렸지
파인애플번이 소보로빵과 같다는 걸 알고서 실망했어
다닥다닥 붙어 있는 높은 건물들과 깎아낸 산
침사추이에서 비치로 가는 길
쥬디 앤 마리의 〈블루 티어스〉 들으면서
이런 아파트에서는 누가 살까 궁금해했어
어쩌면 주성치가 살고 있을지도 모르는데
우리가 함께 본 주성치 영화 때문에 홍콩까지 왔다는 게
새삼스럽지 않아도 섹오비치에 다다랐을 때 눈 커졌고
왜 이곳만은 한겨울 같은지
황량한지 아름다운지

생각했지

여기저기 세워진 서핑 보드와 해수욕하지 않는 사람들
모래사장 한가운데에서 웨딩 촬영중인 신랑 신부 물끄러미 바라보았다
새하얀 드레스를 만져보고 싶은 건 아니었지만
파도가 부서질 때 내가 입은 푸른 셔츠 펄럭거렸다
긴 바람의 투명한 관절이 구부러지고
영화 속 장면과는 무관한 장면이 채색되는 진풍경에
우리가 오래오래 함께 살았습니다
그런 자막이 재생될 것도 같았는데
낡은 간판과 곳곳에서 풍겨오는 후추 냄새

마을은 단순했다
조용한 골목에 이따금 바와 식당들
거닐면서 담배를 피우고 사진도 찍었다
어쩌면 해가 완전히 저문 뒤 칵테일을 마시고 돌아올 수도 있었겠지
주성치가 나오는 영화에는 나오지 않는

이국적인 향기와 초록빛 형형하게 찰랑거리는

그런데 저 나무
바로 그 장면 속의 나무지? 잠긴 대문 안쪽에 있는 거 말이야
맞다고 네가 고개를 끄덕이면 나는 가까이서 볼 수 없음에 아쉬워하는데
한 아이가 그 나무를 향해 축구공을 뻥뻥 찼다
그러자 황급히 자리를 떠야 할 것 같았잖아

몇 번이고 돌려본 영화였지만 비치는 너무 멀고
밤과 잠은 들릴 듯 말 듯한 파도 소리처럼
먹먹했어

구불구불 산길을 돌아나오는 버스 안에서
눈떠보면 여전히 침사추이였어

12월 12일

산
문

원하기도 전에 이미 사랑하고 있어

인생의 많은 시간을 구애하는 데 할애해버린 게 아닐까. 무심코 그런 생각이 든다. 나의 상냥함, 나의 유쾌함, 나의 도발적임, 나의 수줍음이 실은 전부 구애에 동원된 장치라면. 사랑받고 싶은 나의 아등바등과 애걸복걸이 나는 징그럽다. 하지만 그저 사이좋게 지내고 싶을 뿐이잖아, 하는 목소리도 가슴 깊은 곳에서 새어나오고는 한다.

그런 기억이 있다. 초등학교 4학년 때 소위 '노는 무리'라고 불리던 아이들이 어느 날 나를 찾아왔다. 그 당시 나는 키가 크고 얼굴이 환해서 언제나 눈에 띄는 편이었는데, '노는 무리'는 그 점이 마음에 든다며 나에게 함께 놀지 않겠냐고 선뜻 권해왔다. 나는 그들이 학년을 대표해 앞장서거나 분위기를 주도하기를 좋아할 뿐, 질이 나쁘다고는 생각하지 않았기 때문에 흔쾌히 알겠다고 대답했다. 심지어는 어쩐지 황송한 마음까지 들었던 것 같다. 그렇게 '노는 무리'와 어울리게 된 나는 상냥하고 유쾌하며 덩치에 안 맞게 귀엽기까지 한 일종의 '역할'을 맡았다. 꽤 즐거웠다. (이제 와 생각해보면 '질 나쁜' 일들은 내가 모르는 사이에 혹은 나는 제외된 채로 이루어졌던 것 같다.)

 무리에서 쫓겨난 것은 한순간이었다. 네가 우리를 따라하는 게 재수없어. 이렇게 적힌 쪽지를 건네받았다. 우리는 친구가 아니었던가? 한 번도 느껴보지 못한 충격으로 심장이 쿵 내려앉았고 나는 그 어느 때보다 혼란스러웠다. 친구들과 공유하는 어떤 문화랄지, 네가 좋으면 나도 좋아하는 식으로 받아들이게 되는 취향이랄지, 그런 게 우리를 증명해주던 거 아니었어? 그때의 나는 알지 못했다. 나의 '역할'을 수행할 사람은 언제든 대체될 수 있으며 '우리'에는 내가 포함된 적이 없다는 사실을. '노는 무리'에 속했다가 배제당한 아이는 '노는 무리'에 속해본 적 없는 아이보다 낮은 계급(학교는 명백히 계급 사회다)을 부여받기 마련이다. 왕따로

전락한 나는 일 년을 조용한 치욕 속에서 살다가 학년이 바뀌어서야 '노는 무리'와 다시 인사하는 사이가 되었다. 속으로는 그들을 혐오하면서도 그들이 나를 좋아해주기를 애가 닳도록 바랐다.

중학생 때도 비슷한 경험이 있다. 나는 이 일을 꽤 정확하게 기억하는데, 중학교에 입학하고 한 달이 지났을 무렵이었다. 1학년 층 로비에서 3학년 선배에게 구타당했다. 나를 둘러싼 채로 웅성거리는 수많은 동급생의 얼굴이 흐릿하게 보였다. 정신이 어지러웠다. 초등학교 시절 나에게 경고성 쪽지를 건네주었던 그 아이는 안절부절못하는 표정으로 다급하게 말했다. 야, 그냥 잘못했다고 빌어, 빨리. 나는 아무 말도 하지 못했다. 안 해, 이 씨발 새끼야. 이렇게 말하고 싶을 뿐이었다. 하지만 다시 날아든 손바닥에 얼굴이 돌아갔고 눈의 흰자위에 피가 고였다. 정말이지 나는 자존심이 강한 아이였다. 음악 선생님이 나를 발견하고 비명을 지르지 않았더라면 뚜벅뚜벅 걸어서 반으로 돌아갈 수도 있었을 것이다. 하지만 눈앞에 나타난 단 한 명의 어른 때문에 나는 어린아이처럼 속수무책 울음을 터뜨렸다.

그뒤로 모든 동급생이 나를 피했다. 나와 같이 놀기에는 3학년 선배들의 눈치가 보인다는 이유에서였다. 이해할 수 있었지만 슬프지 않은 것은 아니었다. 나를 폭행한 가해자가 대안학교로 보내진 뒤에도 나는 왕따였다. 두번째여서 그런가? 처음 왕따를 당했을 때보다는 적극적으로 움직였다. 나는 나의 선량함을 어필했고 나와 친구가 되는 것이 얼마나 이득인지를 증명하려고 했다. 가장 간단한 방법은 먹을 것을 사다주는 것이었다. 초콜릿과 젤리, 캐러멜. (전부 당시 내가 좋아하던 것들이다.) 그리고 아이들이 기피하는 상황에는 언제나 앞장섰다. 벌레를 잡는다든지 화장실 청소를 한다든지 등등. 구애가 아니라 일종의 구조 요청이었다.

모두 지난 일이기는 하지만 신기한 것은 내가 그뒤로 사람을 두려워하거나 사람을 싫어하게 된 건 아니라는 것이다. 오히려 사람을 더욱 필요로 했던 것 같다. 어쩌면 여든살 먹고도 아니, 죽고 난 뒤에도 사랑받고 싶어할지 모른다. 그런 마음이 때로 나를 외롭게 할지라도 나는 사랑을 원한다. 실은 원하기도 전에 이미 사랑하고 있어.

이 모든 게 필요에 의해서는 아니다. 운동신경 좋은 스포츠 선수가 날아오는 공을 피하는 건 필요에 의해서가 아니라 자동 반사적인 행동에 가깝지 않나. 나에게는 사랑이 그렇다. 자동 반사적으로 온몸을 던져서 끌어안고야 만다. 그러니 이렇게 말해본다. 나의 적극적이거나 수줍은 구애를 맞닥뜨렸을 때 눈 맞춰주세요. 미소 지어주세요.

당신이 나를 사랑하기 이전에 내가 먼저 당신 드릴 사랑을 마련해뒀어요.

12월 13일

산
문

우리의 코미디

 어느 날 여동생 칠리가 말했다. 언니 그거 알아? 아빠, 옛날에 KBS 개그맨 공채 시험에 합격했었대. 그 말에 나는 아빠의 이상한 개그 욕심을 이해할 수 있을 것 같은 느낌이 되었다가, 그런데 왜 안 했대? 반문했다. 돈이 없었대. 시험 보러 갈 때도 이모할아버지께 차비를 빌렸대. 아빠답다. 만약에 아빠가 정말로 개그맨이 되었더라면 우리는 안 태어났을지도 몰라. 나는 우리가 안 태어났을지도 몰랐을 과거와 미래를 상상했다. 내가 세상에 없다는데도 설레는 기분이 들었다. 아니, 내가 세상에 없다기에 설레는 기분이 든 걸지도 몰랐다.

 아빠가 개그맨이 되었더라면 어땠을까? 무대에 서고 몇

몇 방송에 출연도 하고 어떤 구설수에 오르기도 하고 그렇게 서서히 무대를 잃어갔을까? 아니면 한 번의 무대조차 얻지 못하거나 영원히 승승장구했을 수도 있겠지. 어쨌든 나에게 개그 욕심이 있는 건 유전적인 원인에서일 가능성이 있다는 걸 알았다. 아빠를 재미있어한 적이 언제였는지 기억나지 않지만 나도 어렸을 때는 아빠를 보면서 많이 웃었다. 실은 나 역시 한 번쯤 개그맨을 꿈꿔본 것도 같다. 많이 웃어봐서 그런가? 젊고, 아직은 나도 엄마도 모르고, 시골에 살았을 적의 아빠를 만난다면 내 전 재산을 주고 싶다. 살아본 적도 없는 시간을 그리워할 수 있다는 건 진작에 알고 있었다.

가끔 엄마나 아빠가 안타깝게 놓치고 만 미래를 가늠해본다. 그리고 이런 생각도 하는 것이다. 개그맨이 된 아빠가 살아본 적 없는 시간을 그리워하다가 지금을 선택하게 된 걸지도 모른다고. 이런 망상은 안타까운가? 이건 개그가 아니지만 개그를 안타까워하는 것이야말로 개그에 대한 존중이 아니라는 생각이다. 그러니 아빠가 살아가는 지금의 시간을 긍정해주자. 코미디는 언제나 어디에나 있다.

P.S. 이 글을 쓰고 나서 혹시나 싶어 칠리에게 진위 여부를 확인했는데, 아무래도 아빠의 뻥인 것 같다. 화가 난다. 나는 너무나 순진했던 것이다. 아직도 아빠가 지어낸 이야기에 깜빡 속아 넘어갈 만큼! 어디서부터 어디까지 뻥인지는 오리무중이지만 아빠는 지금도 함구하고 있다. 도대체 왜 이런 뻥을 치지? 그런데 진짜 뻥이기는 할까?

12월 14일

일
기

언제나 한 모금씩은 사랑이 필요해

 좋아하는 작가의 책을 읽다가 책에서 언급된 가수의 노래를 들었습니다. 오모리 세이코의 노래였고 노래가 끝나자 알고리즘은 나를 시이나 링고에게 데려가주었지만 책을 읽는 동안에는 이를 전혀 눈치채지 못했습니다. 그러고 보면 단골 카페의 한쪽 벽에 빗자루와 장갑이 걸려 있다는 것도 오늘 처음 안 사실입니다. 이 책을 읽다가 저 책을 읽기를 반복하는 중인데 전혀 다른 이 책과 저 책이 뭔가 연결돼 있다는 생각이 듭니다. 오모리 세이코에서 시이나 링고로 건너가게 된 것도 비슷한 맥락일까요?

 오늘은 아침부터 속이 쓰렸는데 깜빡 잊고 평소처럼 커피를 두 잔이나 마셨습니다. 그런데 이상하게 커피를 마시고 나니 속이 좀 낫습니다. 술을 좋아하는 친구가 컨디션 난조를 호소할 때마다 농담처럼 술 마시면 괜찮아져, 말하고는 했는데 어쩌면 전혀 근거 없는 소리는 아닐지도 모릅니다. 지금은 히비스커스차를 마시는 중입니다만, 왜 마실 게 떨어지면 글을 쓸 기분이 나지 않는 걸까요? 히비스커스차가 점점 줄어들고 있어 걱정이 됩니다. 글이야 쓰고 싶을 때 쓰는 게 최고라고 생각하지만 체력이나 몸 상태가 아니라 기분에 따라 쓸 수 없는 지경에 이르기도 한다는 건 왠지 싫습니다. 사실은 글 쓸 기분이 아닐 때야말로 글을 쓰고 나면 기분이 나아지기 때문입니다. 역시 술 좋아하는 친구가 유난히 버거워하는 날 술을 권하는 건 그리 나쁜 일이 아닌 듯합니다.

한 가지 논리를 여러 상황에 적용했을 때 의외로 그럴싸하게 느껴지는 경우가 왕왕 있습니다. 이 세계가 거대한 연쇄 작용으로 작동한다는 증거일까요? 이런 음모론 같은 주장도 한 번쯤은 우겨볼 만합니다. 시이나 링고가 데려가준 히츠지분가쿠라는 밴드에는 특별한 인상이 남아 있습니다. 친구이자 시인인 보나가 어느 날 유난히 수줍어하며 보여

준 한 편의 시 때문인데요. 그 시는 보나가 히츠지분가쿠의 보컬과 결혼하고 싶어 쓴 시였습니다. 나도 좋아하는 대상을 떠올리며 시를 쓴 적이 있어 별로 놀라운 발상이라고는 생각하지 않았습니다. 하지만 그 시가 특별하게 느껴진 건 히츠지분가쿠를 모르는 나조차도 맞아, 그녀는 정말 매력적이지 나도 그녀를 꽤 좋아하는 것 같아, 하고 수긍하게 만들었기 때문입니다. 이건 전적으로 히츠지분가쿠보다는 보나의 능력, 보나가 가진 사랑의 힘이라고 할 수 있겠습니다. 사랑의 힘이라니. 낯간지럽기는 하지만 분명히 심상찮은 데가 있는 말입니다.

나도 그저께에는 그런 힘으로 시를 썼거든요. 아니, 사실은 번번이 그랬습니다. 좋아하는 대상을 떠올리며 쓴 시든 그렇지 않은 시든 상관없이요. 아직은 글을 끝낼 수 없어서 남겨둔 차 한 모금처럼 언제나 한 모금씩은 사랑이 필요한 법이지요. 읽던 책에서 잠깐 언급하고 지나간 오모리 세이코 역시도 이 작가에게 그러한 한 모금이었을지 모릅니다. 어떤 한 모금은 한잔보다 넘치는 한 모금입니다. 사실 그 책은 오늘 새벽에 주문했는데요, 주문을 끝내고 나니 그 자리에서 당장 읽고 싶어지는 겁니다. 그래서 전자책도 사버렸습니다. 전자책을 다운로드한 즉시 읽기 시작했지만 서너 장 읽고 나니 금세 덮고 싶어졌어요. 그러니까 이건 명백히 한 모금이 사라지면 읽을 기분이 나지 않는 것과 같은 맥락입니다. 눈앞의 한잔은 좀처럼 마실 기분이 나지 않는 것이지요.

그런데 방금 그 책이 집 앞에 도착했다고 문자가 온 거예요. 그래서 남은 한 모금을 마셔버리기로 결정했습니다. 도착한 택배를 들일지 말지 고민하는 건 무수한 연쇄 작용에 의한 세계에서도 부조리하게 느껴지기 때문입니다. 물론 기분에 따라 움직이고 싶지 않은 기분도 한몫했습니다. 이 글을 끝내면 전자책과 노트북을 덮고 집으로 가 택배 상자를 열 거예요.

그런데 오늘 나는 왜 일기를 서간체로 쓰기 시작했을까요? 어쩌면 기분보다 센 사랑의 힘을 빌리기 위함이었을지 모르겠습니다. 읽을 대상을 상정한 뒤 그를 재빨리 사랑해버리는 식으로 대출받은 사랑의 힘 말이에요. 나는 빌린 건

바로 갚는 편입니다.

12월 15일

시

겨울 기르기

내년 크리스마스는 감기 걸린 채로 침대에서 나고 싶다

유튜브 보고 뜨개질 배워야지

따끈따끈한 땀을 흘리면서 나는 나를 꿰매고 싶다

한땀 한땀

인공눈물 조금씩 떨어뜨려가면서

나에게 잘 맞는 슬픔을 짜고 싶다

끈적이는 겨울

통조림으로 만들어 일 년 내내 섭취하기

페트병 화분에는 안부

푹 썩히기

12월 16일

산문

29.9세

 이번 12월이 지나면 나는 서른 살이 된다. 서른 살이라니. 이전까지 나는 서른 살의 나를 상상해본 적이 없다. 물론 아주 어릴 적에는 영화나 드라마를 보며 막연히 떠올렸을 것이다. 그러니까…… 쇄골 아래로 내려오는 긴 머리가 찰랑거리고 은은한 화이트 머스크 향을 풍기며 밝지만 차분한 안색에 샤넬 또는 입생로랑 립스틱을 바른, 옷차림은 당연히 세미 정장에 굽 높은 힐을 신은 (맙소사) 내가 차를 몰아 대교를 건너는 것이다. 반짝이는 야경을 바라보다가 문득 밀려오는 피로감에 관자놀이를 꾹꾹 누르고는 이내 음악을 틀었는데 철 지난 히트곡이 흘러나오는 것에 웃음을 짓고 마는 것이다. 그리고 계속해서 차를 몰아 야경의 일부로, 그러니까 따뜻한 나의 집으로 향하는 모습을, 나는 떠올렸을 것인데.

 이번 달이 지나면 서른 살이 된다. 집도 차도 없거니와 세미 정장에 하이힐은 무슨, 체육복이 나의 전신 타투다. 오이토록 진부한 괴리감이란.

 하지만 그때의 내가 알지 못했던 게 어디 이뿐이던가. 나는 정말로 내가 작가가 되거나 책을 내게 될 줄은 상상의 상상도 못 했다. 책 읽기와 글쓰기를 좋아했던 그때에도 글을 써서 먹고살기란 불가능에 가깝다는 말을 귀에 딱지가 앉도록 들었다. 지금 나에게 글을 발표할 지면이 있고 적지만 분명한 대가인 고료를 받을 수 있다는 건 얼마나 행운인가. 심지어 내가 쓴 글로 책을 만들어주겠다는 곳이 존재한다는 사실, 그리고 내 책을 구매하거나 도서관 책장에서 골라 읽어주는 독자가 있다는 사실이 여전히 신기하고 감사하다. 좋아하는 일을 하며 먹고사는 건 흔히 주어지지 않는 축복이라고 생각한다. 그렇다고 해서 매일이 벅차고 눈부신 건 아니다. 때로는 이 일이 나를 지치게도 하고 내가 이 일을 의심하게도 만든다. 하지만 이 일을 하는 한, 일의 어려움에 대한 불평은 함부로 입 밖에 내고 싶지 않다. 원래 사랑이란 언제나 경이로움과 피로감이 동반되는 것이니까. 그러니까 나는 여전히 이 일을 오래오래 사랑할 궁리를 하고 있다.

어렸을 때는 서른 살이 되면 영화나 드라마의 주인공처럼 멋진 어른이 되어 있을 거라 막연히 생각했다. 동시에 마음 한구석에서는 늘 작가를 꿈꿨다. 작가가 된 지금 나는 꿈을 이뤘다고 말할 수 있을까? 내 생각에 꿈은 애초에 이루는 게 아닌 것 같다. 꿈과 목표는 다르다. 꿈은 차라리 기르는 대상에 가깝다. 나는 내 꿈이 나보다 더 멀리 가기를 원하고 더 훌륭하거나 대단하기를 바란다. 그래서 내가 훌륭하거나 대단하다고 믿는 방향으로 구체화시킨다. 이를테면 내 꿈은 사람을 사랑하기를 관두지 않는 것. 나는 이 꿈이 다치지 않도록 잘 돌보고 싶다.

온전히 내가 길러낸 것은 아니지만 그리하여 나, 서른 살을 목전에 두고 있다. 운 좋게 살아서 서른 살이 다 되어본다. 축복이다. 훌륭하고 대단하다. 내가 보기에 나는 앞으로도 수많은 꿈을 길러내기에 모자람이 없어 보인다. 다만 그 꿈들이 언제나 삶이라는 불안정하고 행복한 기반에 발 붙이고 있기를 바란다.

12월 17일

산문

언회피 버스데이

스물아홉 생일에는 합정의 드렁큰정글이라는 호프집에서 파티를 했다. 드레스 코드가 '프란체스카'였기에, 거의 대부분이 뱀파이어 일족처럼 시커먼 옷을 두르고 입장했다. 베스트 드레서를 뽑기로 했더라면 약간 난처했을 정도로 콘셉트에 충실한 친구들이 많아 깔깔 웃었다. 그날은 저녁부터 늦은 밤까지 사람들과 술과 음식을 나눠 먹었고 많은 선물을 받았다.

그래, 많은 친구와 동료, 가족과 가족의 지인들이 한자리에 모였다. 대부분이 나하고만 친분이 있을 뿐이어서, 이 사람들을 어떻게 다 친해지게 하지? 하는 생각에 아픈 머리를 굴렸지만 뾰족한 수가 떠오르지 않았다. 애초에 각기 다른 스무 명이 모두 친해지기란 불가능에 가깝다는 걸 모르지는 않았다. 그러나 예상했던 대로 아는 사람끼리만 말을 섞는 상황이 시시하게 느껴졌던 것 같다. 어쩌면 누군가는 또 다른 누군가와 눈이 맞아 사랑에 빠지기라도 하길 기대했는지 몰랐다. 이런 내 속을 들여다봤는지 한 친구가 돌아가면서 간단하게 자기소개를 하는 게 어떻겠냐고 제안했다. 내향형인 친구들이 나에게 제발 그 제안을 받아들이지 말라는 간절한 눈빛을 보내왔지만 철저히 무시했다. 미안해, 얘들아. 하지만 너희에게 악감정은 없다. 나는 서로가 누구인지도 모르는 채로 서로를 어색해하는 이 상황을 간절히 벗어나고 싶을 뿐이야. 속으로 말했다.

그렇게 시작된 자기소개는 이름, 그리고 나와의 관계를 밝힌 뒤 최근 관심사를 말하는 게 기본 규칙이었다. 대부분 정직하게 규칙을 지켰지만(주어진 양식에만 충실했다는 뜻이다) 누가 봐도 약간 튀는 친구들은 돌발 행동을 보이기도 했다. 이를테면 한솔이는 최근 관심사가 건강이라면서 갑자기 섀도복싱을 했다. 잽, 잽, 원투! (샌드백을 자처할 걸 그랬나?) 유난히 수줍음이 많은 중국인 친구 제제는 이렇게 말했다. "선경이를 위해 우리나라 언어로 된 생일 축하 노래를 부르고 싶습니다." 한국어로 말할 때는 발음이 틀릴까 봐 겁부터 먹고 최대한 말을 아끼는 그 제제가 노래를 부르겠다고? 나는 의아했지만 다른 사람들과 마찬가지로 아낌없는 박수를 보냈다. 祝你生日快乐, 祝你生日快乐. 정확한 발음은 모르겠지만 멜로디만큼은 친숙하기 그지없는 그 노래를 제제의 목소리로 들었을 때, 갑자기 왜 눈물이 날 것 같았을까? 조금 심하다 싶을 정도로 감동을 받아 눈물을 글썽일 즈음, 옆을 보니 한솔이가 울고 있었다.

그날은 새삼 주변 사람들에게 깊은 감사를 느낀 하루였지만 사실 꽤 침울한 하루이기도 했다. 왜냐하면……

파티 다음날, 파티에 참석한 사람들에게 이런 메시지를 보냈다. '여러분, 어제 집에는 잘 들어가셨나요? 와줘서 고맙습니다. 그런데 정작 초대한 제가 이쪽도 저쪽도 제대로 신경쓰지 못한 것 같아서 미안합니다. 축하의 마음에 보답할 수 있게 좀더 재미있는 콘텐츠들을 마련했어야 했는데 제가 미흡했어요. 그래도 언제든 만나면 반가운 얼굴들과

나름대로 즐거운 시간 보내셨기를 바랍니다. 모두 감사합니다.'

아무도 뭐라고 하지 않았지만 스스로 기가 죽어 보낸 이 메시지에 유운은 이렇게 답장했다. '아니, 왜 콘텐츠를 제공해야 한다는 의무감에 시달리는 거야? 그것도 시인이.' 또 다른 누군가는 이십대의 마지막 생일인 만큼 성대하게 기념하고 싶었던 거냐며 호방하게 웃길래, 그렇다고 대답했지만 약간 부끄러웠다. 참고로 나의 여동생 칠리는 『위대한 개츠비』의 개츠비를 인용하며 나를 고츠비라고 조롱했다. (네깟 게 개츠비를 알기나 하는지?) 그리고 나의 프란체스카룩을 보고 "그건 프란체스카가 아니라 두일이"라고도 일축했다. (열받게도 칠리는 패션 디자이너다.) 개츠비에, 두일이에. 이 수모를 잊지 않기 위해 기록해둔다.

이런 후일담도 있다. 생일 파티가 끝난 뒤 귀가한 나는 곧바로 화장실에 들어가 토를 했다. 결코 술을 많이 마셨기 때문이 아니고 누구 한 명이라도 즐겁지 않을까봐 두려움과 압박감을 느꼈던 탓이다. 다시는 파티 안 해야지. 다시는 파티 주최 안 해야지. 이런 파티, 안 파티! 외치며 괴로워하자 영상 통화 속 칠리는 혀를 차며 말했다. "도파민 중독자여, 제발 치료를 받아라." 그렇지만 내가 정말로 후회한 것은, 바로 베스트 드레서를 뽑지 않았다는 사실이다. 베스트 드레서를 뽑아 선물 증정 이벤트라도 열었더라면 왠지 집에 와서 토하는 일도 없었을 것 같다. 아무래도 아직 정신을 못 차렸나보다.

 내가 울상을 짓든 말든 칠리는 턱시도 고양이 쿠마와 놀기 바빴다. 그 모습을 유심히 보다가 문득, 쿠마는 다 벗어도 프란체스카룩이라는 사실을 깨달았다. 어쩌면 베스트 드레서 상으로 열빙어를 증정할 수 있을지도 몰랐다.

12월 18일

시

사실을 말하자면

 그가 하는 모든 말은 시의 구절 같아서 그를 몹시 부러워했다 오늘은 그가 매일 꾸는 악몽에 대해 말해주었는데 나는 그것이 의미심장하다고 느꼈고 동시에 절묘하다고도 생각했다 시인이라면 무릇 그런 꿈을 꾸어야 할 텐데 그는 시를 쓰지 않지만 그가 겪는 일들은 모두 시적 상황으로 구축해도 손색이 없을 만큼 긴장감과 밀도가 갖춰져 있다 어쩌면 그가 말하는 방식이 이야기의 긴장감과 밀도를 형성하는 걸까? 그는 시를 쓰지 않고 그의 말투는 떠오른 것을 떠오른 대로 툭툭 내뱉는 식이다 그는 내가 아는 한 가장 시인다운 시인인데 시를 써본 적은 전혀 없다 내가 그의 삶과 생각과 말투와 언어 표현을 질투했을 때 너 시인 해라 말하려다 입을 다물었을 때 그는 죽고 싶어했고 시는 쓰지 않았다 나는 이 시를 발표하거나 시집에 실을 수 있다 그는 다정다 감하며 꾸준히 나를 응원해주는 사람이니 나의 시를 일부러 챙겨 읽다 이 시를 발견할 수도 있다 그때 그가 이 시가 자신의 이야기라는 것을 눈치채서는 안 되는데 아마도 그런 일은 일어나지 않을 것이다 왜냐하면 그는 시를 쓰지 않으니까 그는 그림을 그리다 포기했고 음악을 하다 포기했고 코딩을 배우다 포기하려던 중 게임 회사에 취직했다 그는 매일 아침 회사에 출근해 점심시간이 다가올 무렵 블로그에 일기를 업로드한다 나는 그것이 시 같다고 생각하지만 그에게 말하지는 않는다 그가 아는 시인이라고는 기형도와 나뿐이다 그러나 기형도의 시를 보여주고 내가 쓴 것이라 주장해도 그는 믿을 수 있다 그는 시인에 대해서라면 별생각 없다 시는 대단한 사람들이 쓰는 줄 안다 이 시를 쓰면 쓸수록 그에 대한 정보를 더 많이 열거하게 되지만 그는 이 시가 자신의 이야기일 거라고는 상상하지 못할 것이다 왜냐하면 그에게는 상상력이 필요하지 않기 때문이다

12월 19일

메
모

'죽어도 좋아'라는 제목의 시를
쓰고 싶다고 생각한 순간
'죽어도 좋아' 따위 쓸 수 없다는 걸 깨달았다

그것에 어울리기 위해 노력해야 했다

당연한 순간에는 당연한 진실을 떠올리기 마련이다 이를 테면

모두 어디론가 향하고 있다…… 덜컹거리는 지하철 안, 교차로, 서울역과 인천공항, 오갈 곳이 있거나 없거나

모두 죽어버렸으면 좋겠다고 생각한 적이 있다 실은 자주

'죽어도 좋아' 같은 기분은 가팔랐고 또 부끄러웠다

약수역 근처에서 살 때는 한 남성이 체포되는 광경을 본 적도 있다 한 달 만에

달아나듯 그 집을 떠났다 오갈 곳이 있거나 없거나

누구든 어디론가 가고 있다는 사실은 변함이 없다; 음악을 들을 때, 잠을 잘 때, 하품을 할 때, '아 진짜 훌륭해져야지 커서 막 훌륭할 거야' 생각할 때

내가 정말로 훌륭하다고 믿는 것은 일기장 낙서 같은 '죽어도 좋아' '죽어도 좋아'에 담긴 진실한 심정뿐인데

도대체 어딜 그리 바삐 가시나요?

나는 잠깐 21세기 인류와 인류의 향방을 궁금해한다 어느 밤에는 인류의 안위를 걱정하느라 두 눈이 빨개졌다

하다못해 내 걱정을?

그런데 말이야 횡단보도를 건너본 사람 수만큼 널 사랑해…… (누구에게든 일단 고백하고 나면 불리해지는 기분을 느낀다는 게 인간적이란 생각이 들어)

내가 죽기를 전 인류가 바란다면 진정으로 쓸 수 있을지도 모른다

당연한 순간을 소름 끼치도록 이상하게 여기는 식상함에 대해 그러고 보니

시장에서 산 챙이 넓은 모자는 어쩐지 가상한 데가 있었다

12월 20일

편지

너에게 기대
―참이슬에게

 연말이니까 신년 운세를 보러 가겠다고 말했었지. "이제 믿을 건 시옷 도령밖에 없어. 시옷 도령이 시키는 대로 할 거야." 철딱서니 없이 이렇게 덧붙이기도 했는데. 시옷 도령은 나에게 큰 깨달음을 줬어. 깨달음을 손쉽게 얻을 수는 없는 거구나, 하는 깨달음 말이야. 미래를 예측하고 싶었지만 그건 애초에 불가능하다는 것도. 시옷 도령은 나에게 큰 기대는 하지 않는 게 좋겠다는 말만 반복했어. 내년에는 큰 기대하지 마세요. 안 보여요. 글을 쓰신다고요? 잘 안 보이는데. 아, 대학원을 다니신다고. 그것도 딱히. 드라마 〈스위트 홈〉의 연근 괴물처럼 안 보인다는 말을 되풀이하더라. 그러면서도 나를 둘러싼 모든 환경이 좋다, 나쁘다 말할 수 없는 상태라고 했어. 그런 말은 누구라도 할 수 있는 것 아니야? 더불어 누구에게나 할 수도 있다고, 나는 그렇게 항의하고 싶었어.

글 쓰는 게 나에게 운이 따라주는 일은 아니라고 했다가 나와 잘 맞는다고 말을 바꾸었던 것, 대학원을 무사히 졸업할 수 있을지 모르겠다는 말에 그런 태도로는 아무것도 하지 못할 것이라고 했던 것, 안 하느니만 못한 일들을 하고 있다고 했던 것, "제 생각은 다른데요." 말하는 나에게 "그건 손님 생각이고요." 대답하며 비웃던 것, 파트 타임 아르바이트나 하라고 어깨를 으쓱이던 것(파트 타임 아르바이트가 뭐 어때서?), 무엇보다 내가 듣고 싶은 말을 해주지 않은 것, 그 모든 게 마음에 들지 않았어. 심지어 나는 내 운세를 점치기 위해 간 건데 "손님의 운이 이렇습니다" 단정하는 것조차 싫었어.

시간과 돈을 허비했다는 생각이 들었고 약간은 침울했어. 마뜩잖은 점괘를 받았기 때문이기도 하지만 '답정너' 식의 내 태도 또한 마음에 들지 않았거든. 모든 일이 내 뜻대로 흘러가지는 않는다는 것을 자연스럽게 이해하면서도 때

때로 낭패감이 들어. 심지어 반발심까지도 느끼지. 내 인생은 마땅히 이러했으면, 하고 바라는 마음이 실망으로 이어지는 일. 나는 그 일을 무수히 겪었는데도 여전히 기대해. 나에게 미래에게 세상에게 그리고 타인에게. 그래, 나는 멍청해.

언젠가 너는 나에게 물었지. "만약 지금 당장 모든 것을 깨끗하게 정리하고 사라질 수 있다면 사라질 거니?" 솔깃한 제안이지만 나라면 거절할 거야. 기대하는 게 이렇게 많은데 어떻게 사라질 수 있겠어. 기대하는 게 많다는 건 미련이 많다는 뜻일까. 내가 원래 좀 구질구질하고 청승맞잖아. 구질구질하게 남아 있을래. 어떤 식으로든 이곳에 발 붙이고 서 있을래. 기대와 실망이 단짝이라면 나는 그 둘 사이를 시샘하는 역할을 맡은 거야. 그래서 어떻게 해서든 그 둘을 떨어뜨리려 애쓰는 거야. 어쩌면 오기일지도 몰라. 그래, 어떤 간절함은 오기와 닮았겠지. 그렇기에 구질구질할 테고. 그런데 나는 구질구질해지는 게 도무지 두렵지 않아. 너무 헐어버린 것들은 그만큼 자주 사용했다는 거잖아. 그러니까 내가 구질구질한 인간으로 자란 건 신이 나를 특별히 애착하기 때문일지도 몰라. 엄청난 자의식이지? 우습지만 그렇게 생각하면 위로가 돼. 실망하고 상처받고 다시 기대하느라 헐어버린 내 마음에 나는 애착이 가.

그래서 말인데, 나는 내가 애착하는 것들보다 먼저 사라지고 싶지 않아. 언젠가는 반드시 사라지겠지만 할 수 있는 한 가장 많은 미래와 함께하고 싶어. 그리고 그 많은 미래에 너도 있었으면 해. 지금 당장 모든 것을 깨끗하게 정리한 뒤 사라지고 싶어하는 너에게도 푹 잠들 수 있는 밤이 필요하겠지. 그렇다면 나는 수많은 별똥별이 쏟아질 날을 기다렸다가 너의 달력에 적어줄 거야. 그것만으로 너의 오랜 불면증은 해소되지 않겠지만 적어도 너의 미래를 연장할 수는 있지 않을까? 나는 네가 깊이 잠들지 못하더라도 깊이 잠들 수 있을 것 같은 기분을 주고 싶다.

가끔은 엉터리 연금술사 또는 이상한 제빵사가 된 듯해. 수많은 재료를 넣고 알 수 없는 미래를 기대하는 거야. 지난번에 네가 나한테 물었잖아. 어떻게 그렇게 솔직할 수 있느냐고. 내 솔직함은 그 재료 중 하나가 아닐까? 남들보다

솔직함을 좀더 편안하게 반죽하는 사람인 거지. 나는 일기에 거짓말을 할 바에는 일기를 쓰지 않는 사람이잖아. 실은 나…… 생각보다 과묵하지 않나? 절대로 동의해주지 않을 것 같다. 하지만 과묵한 건 몰라도 부끄러움이 많다는 것에는 이견이 없겠지. 대신 나는 부끄러운 걸 부끄럽다고 말할 솔직함이 있는 거야.

부끄러움과 후회의 역사는 너무 넓고 깊다. 놀랍지? 이렇게 형편없는 나 자신한테도 여전히 기대를 한다는 게. 시옷 도령은 나에게 "그렇게 사시면 평생 평범하게 사실 거예요."라고 말했어. 평범함이 마치 보잘것없는 인생의 특성이라는 듯이. 하지만 결코 그렇지 않다는 건 모두가 알고 있잖아. 평범함을 바라는 것도 평범함을 거부하는 것도 실은 기만이라는 것을. 우리는 다 평범하고 그렇기에 서로에게 기댈 수 있다는 것을. 참 잔인하고 행복하지. 많이 부끄러워하고 많이 후회하고 많이 슬퍼하고 많이 운 다음에도 여분의 삶과 여분의 우리가 있다는 게. 그것을 나는 살면서 많이 소문내려고 해. 소문은 어딘가 흉흉하거나 기이하고 미치게 재미있는 거잖아. 나는 그렇게 시를 쓰려고 해.

그리고 이건 공공연한 비밀인데, 네 미래의 시는 아마 너를 기대하고 있을 거야.

12월 21일

노
트

안 쓰고 망하는 건 열받는다

1

때때로 내가 잘 살고 있음을 증명해야 할 것 같은 기분에 시달린다. 그러나 그보다 더 자주 시달리는 것은 내가 아프고 슬프다는 것을 증명해야 할 것 같은 기분. 그 모든 것과 상관없이 나는 토할 정도로 웃고 싶다고 생각한다. 그것이 더 처참한 기분이라고 생각한다.

2

재율과 방탈출에 대한 이야기를 했다. 재율이 내게 방탈출을 하러 가자고 권했는데, 나는 탈출하라고 마련해준 방 자체에 몰입이 안 된다고 말했다. 방탈출을 왜 해야 돼? 방을 탈출하면 진정으로 탈출하고 싶은 현실에 다시 갇히게 되는데……

3

시 모임을 만들기로 했다. 구성원은 어느 정도 모였다. 그들에게 부담을 덜 주기 위해 일주일에 한 편 쓰기를 공동 목표로 잡았지만 나는 그보다는 더 성실해야 한다. 산문 작업에 착수하기 전 최대한 많이 써둘 것. 이것이 나의 목표다. 올해 초에는 하루에 한 편을 쓰기도 했는데 개중에는 망한 시도 있고 덜 망한 시도 있고 망하지 않은 시도 있다. 요즘은 그런 생각이다. 망하더라도 쓰고 망하자. 안 쓰고 망하는 건 열받는다.

가끔 어떻게 그렇게 많이 쓰냐는 질문을 받는데, 사실 글은 어차피 항상 안 써지기 때문에 매일 쓸 수 있다. 안 써진다고 실망하지 않고 쓸 수 있는 만큼만 쓴다. 내가 나에게 별로 엄격하지 않기 때문에 가능한 것인지도 모르겠다. 애당초 나 혼자서도 놀기 위해 글을 쓰기 시작한 건데 엄격할 필요가 뭐가 있지? (물론 퇴고할 때는 엄격해야 한다…… 대체로 발표를 하거나 책으로 펴내기 위해 퇴고를 하니까.)

개들이 매일 산책을 나가는 것과도 비슷하다. 산책을 나갔다가 빨리 지치는 개가 있는가 하면 도무지 지치지 않는 개도 있다. 그러나 산책하지 않는 개는 없다. 나와 같이 시를 쓰는 친구들, 동료들은 지쳐도 되고 안 지쳐도 된다. 지치기 전에 재미있는 냄새를 맡는 순간이 한 번이라도 있기를 바랄 따름이다.

 물론 나는 실제로 매일 글을 쓰지는 않는다. 그냥 쓸 수 있다고 믿을 뿐이다. 믿음은 사실이 된다고 유운이 가르쳐줬다.

12월 22일

시

벽난로 속 미래

　새 연필을 신중하게 깎던 손이 내게 환한 이름을 지어주었다 나는 이름이 적힌 손바닥 안쪽에서 행성을 꺼냈고

　불 위의 커다란 솥에는 거미줄이 무성했다 가끔 빗방울 떨어지는 소리가 들리기도 했지만 그곳에서는 바람이 자꾸 엉켰다

　나의 행성에 사는 시민들은 산책하러 나갔다가 일 년 뒤에 돌아올 거야

　수프를 끓이며 생각한다

풀밭을 담요처럼 덮으면 싱그럽게 죽어가는 기분을 느낄 것이다

마을에는 당근이 자라지 않는 당근밭 있고 느리게 삭아가는 빨간 우체통 있다

죽이고 살리는 일이 신의 일이라면 모두가 서로의 신일지도 몰라

어디선가 어두운 술병이 굴러온다 뚜껑을 열면 보라색 구름이 흘러나올 것 같다

세계는 불콰하게 취한 신이 함부로 지껄이는 중언부언 그 속에서 진실을 감별하느라 영원한 숙취에 시달린다

나의 행성에는 유릿가루와 뼛가루가 절반씩 쌓이겠지

빗자루로 쓸고 또 쓸어내는 소리와 수천의 잎사귀 일제히 흔들리는 소리가 구분되지 않고

영안실에 신이 안치되어 있다

낡은 흔들의자에 웅크리던 이야기는 오래오래 고독했습니다만

모든 것이 충분했다는 문장을 끝으로 연필은 불의 입속에 칼을 버리고

거기서부터 어느 추운 행성을 다시 고백하기 시작한다

12월 23일

산
문

게임은 말이야

1

사실은 말이에요, 여러분. 제가 만들어낸 게임이 하나 있어요. 그것은 바로 '사실은 말이야 게임'입니다. 언뜻 보면 진실 게임과 비슷해 보이지만 성격이 전혀 다르지요. 진실 게임은 아무리 허를 찌르는 질문에도 솔직하게 대답해야 하는 게임이지만 사실은 말이야 게임은 대뜸 고백부터 갈기는 게임이거든요. 이것은 제 여동생 칠리와 도쿄의 한 허름한 이자카야에 갔을 때 술만 마시기 심심해 즉석에서 만들어낸 게임입니다. 이 게임의 가장 큰 특징은 스스로 자신의 치부를 드러내길 부추긴다는 거예요.

A: 사실은 말이야, 나 오 년 사귄 애인을 두고 바람피운

적이 있어.

B: 사실은 말이야, 지난 네 생일에 아파서 약속 못 나가겠다고 한 거 구라야.

C: 사실은 말이야, 너를 죽이고 싶다고 몇 번 생각했었어.

바로 이런 식입니다. 눈치채셨나요? 사실은 말이야 게임은 자신의 치부를 드러내기도 하지만 상대방에게 상처를 입히기도 합니다. 이를 가장 빨리 눈치챈 칠리는 사실은 말이야 게임을 기피하게 되었습니다. 다시는 저와 그 게임을 하지 않겠다고 선언했지요. 세상에는 알고 싶지 않은 비밀도 있는 법입니다.

한 가지 규칙이 있습니다. 더 이상 고백할 사실이 없는 사람은 술을 마셔야 해요. 그것이 사실은 말이야 게임의 유일한 규칙인데, 사실을 고백하고 나면 자연히 술을 마시고 싶어서 이 규칙은 강제성을 잃게 되고는 합니다. 이 게임은 어쩐지 침울한 술자리에서 하기 좋습니다. 더 침울할 수 없을 정도로 침울해지거든요. 그리고 영 술맛이 안 사는 술자리에서 하는 것도 추천합니다. 실제로 사실은 말이야 게임을 해볼 예정인 분들은 제게 후기를 들려주시기 바랍니다.

2

그래요, 어제 저는 친구와 술을 마시면서 사실은 말이야 게임을 했습니다. 제 친구는 쓰레기 같은 이력을 상당수 보유하고 있었습니다. 그 사실에 실망감이나 배신감을 느꼈다기보다 안도감을 느꼈어요. 대개 비밀은 떳떳하지 못하기에 비밀인 거라고 말하면 지나친 일반화의 오류일까요? 사실은 말이야 게임을 '쓰레기 되기 게임'이나 '안도감 찾기 게임'으로 바꿔 말해도 좋겠습니다. 참고로 이 게임이 '안도감 찾기 게임'이라는 것에 동의하는 분은 쓰레기일 가능성이 높습니다. 정말 안심이죠?

12월 24일

산
문

청포도향 따위가 났을 리는 없지만

 발악하는 노래가 좋았다. 구슬피 떨리는 목소리로 찢어지게 발악하는 노래가. 감정을 실어 부를 거라면 충분히 강렬해야 한다고 믿었던 것 같다. 너무 좋아서라도 너무 싫어서라도. 꼭 그런 노래만을 좋아한 건 아니었는데 내 취향은 왜 언제나 극단적인 쪽으로 기울었을까?

 중학생 때 학교폭력과 왕따를 당한 경험은 나에게 커다란 트라우마를 남겼을 만큼 강렬했다. 그리하여 고등학교에 입학하자마자 나는 다소 극단적인 선택을 하게 되는데, 친구를 사귀는 것을 포기하고 단 한 명의 내 편, 남자친구를 만든 것이다. 학칙과 규정이 깐깐한 인문계 남녀공학 고등학교에서 이성 교제는 명백히 학칙 위반이었다. 내 남자친구는 기숙사생에 성적이 전교권을 웃도는 모범생, 선도부부터 학급 실장까지 온갖 직위를 가진 아이였는데, 그런 아이를 꼬드겨 규칙에 어긋나게 만들었을 때 모종의 카타르시스를 느끼기도 했던가. 잘은 모르겠지만 한 가지 기억나는 장면은 있다. 학교가 끝나고 남자친구와 교문 밖에서 손을 잡고 걷는데, 자전거를 타고 퇴근하시던 역사 선생님이 우리를 발견하고서 무섭게 엄포를 놓은 것이다. 대충 학교에 연락을 넣어 혼쭐을 내주겠다는 내용이었다. 다음 날 교무실에 불려갔을 때 나는 부모님을 모시고 오라는 이야기를 들었다. 남자친구도 나와 같은 처분을 받았겠거니 생각했는데 아니었다. 민망함과 머쓱함과 송구스러움이 뒤섞인 얼굴로 비타500 한 박스를 사온 엄마는 우리 엄마뿐이었다. 왜였을까? 남자친구는 모범생이어서? 조금만 어르고 달래면 더는 '삐딱선' 타지 않고 '제자리'로 돌아올 것 같아서? 글쎄. 뭔가 불합리하다는 걸 느꼈지만 항변하기에는 나도 떳떳하지 못했다. 그 일이 있고도 틈만 나면 남자친구와 붙어다녔으니까. 심지어 방과후 활동 때는 기타도 없이 기타부에 들었다. 남자친구가 기타부인데다 기타를 꽤 잘 쳤기 때문에. 나는 기타 선생님이 민망해하든 말든 남자친구 앞에 앉아 턱을 괴고 남자친구를 감상했다. 나중에는 남자친구가 나에게 다른 부 활동을 하는 게 어떻겠냐고 권유했던 것도 같다. 지금 생각해보면 왜 그렇게 티를 못 내서 안달이었을까 싶기도 하지만 나는 단지 친구가 그애밖에 없었을 뿐이라는 생각도 든다. 그래, 나도 진부한 사랑 노래를 듣고 싶은 건 아니었어.

남자친구와는 고등학교 졸업식 전날에 헤어졌다. 극단적인가? 내가 졸업식에 참석하지 않았다는 결말까지도. 그 애에게는 너무 많은 역할을 부여했다는 생각이 든다. 선배나 오빠 같기를 원했고 친구 같기를 원했고 때로는 내가 빛나 보이게끔 트로피처럼 굴어주기를 원했다. 실제로 나는 남자친구와 같이 찍은 사진을 페이스북에 올려서 평소보다 많은 '좋아요'를 얻어내고는 했다. 얼굴은 당연히 내가 추구하는 미소녀에 가깝게 보정해야 했는데, 나만 하기가 뭐해서 남자친구 얼굴도 이리저리 만져댔다. 눈은 크게, 코는 높게, 턱은 날렵하게. 더 예쁜 사진을 건지기 위해 돈도 없으면서 전주에서 용인에 있는 에버랜드까지 갔었지. 교통비를 아낀답시고 한겨울에 집에서 터미널까지 걸어서 갔다.

희뿌연 입김이 펄펄 나오고, 남자친구와는 얼음장 같은 손의 온기를 나누었는데. 그때는 그애만 내 곁에 있다면 나는 안전할 수 있다고 믿었던 것 같다. 너무 많은 결핍으로 오히려 과잉 상태에 이르렀던 그때.

 감정이 극에 달한 것처럼 목이 찢어지게 부르짖는 노래를 듣다보면 왜 반드시 십대 시절이 떠오르는 걸까? 오모리 세이코나 신세이 카맛테짱의 노래 같은 걸 그애가 부를 수는 없고, 나도 그것을 원하지는 않는다. 그애가 학교 축제 때 불렀던 노래가 어떤 노래였는지조차 이제는 기억나지 않는다. 절절한 사랑 노래였는데 무대를 망쳐버렸고 뭔가 틀렸다는 듯한, 아니, 포기해버린 듯한 표정을 짓길래 괜찮다고 말해주고 싶었는데. 아니지. 핸드폰으로 동영상을 찍다가 그냥 카메라를 꺼버렸었다. 그런데 너도 사실 나에게 너밖에 없다는 사실을 자주 끔찍하게 여기지 않았니? 이런 질문은 더이상 아무 의미가 없다. 그애가 너무 좋다거나 너무 싫다거나 하는 감정은 청포도맛 사탕처럼 녹아 사라졌다. 단맛이었는지 쓴맛이었는지 구분할 수 없지만 왠지 혀가 무감각해진 듯한 느낌만을 남긴 채.

그리고 사탕 껍질 같은 기억들. 이제는 무엇도 감싸거나 포장해줄 수 없는. 그래서 눈에 띌 때마다 버리려고 하지만…… 오랜만에 꺼내 입은 외투 주머니에 손을 찔러넣기라도 하면 무심코 바스락거리는 소리를 듣게 되는 것이다.

12월 25일

시

스노우볼

 어릴 적 그녀는 영어 시간에 발음을 잘못할까 두려워하는 아이였지 그 아이가 살던 옛집에서 산타클로스의 품에 안긴 채 울음을 터뜨리는 사진을 나는 들여다보고 있다네 한 손에 꼭 움켜쥔 지팡이 모양 사탕에서는 체리 향이 났겠지 그녀가 유년 시절에 듣던 캐럴과 내가 죽은 뒤에 울려퍼질 캐럴은 아마도 같을 거야 매년 다른 선물 상자를 풀던 그녀는 어느 크리스마스에 문득 풀어볼 상자가 없다는 사실을 깨달았을 테고, 상자가 있더라도 더는 선물에 크게 감응하지 않는 그런 시시한 어른이 되었겠지 그런 미래가 너무 빤해서였을까?

 눈송이가 창문에 콕콕 달라붙네 어떤 멜로디도 완성하지

않으면서…… 나는 잭콕을 마신다네 음악이 필요한 건 아니야 단지 그녀의 탄생을 생각하고 있지 그녀의 탄생에 관한 꿈을 어두컴컴한 거리에 단 하나의 상점만이 환히 불 켜져 있었다더군 매대에서 유난히 반짝이던 빨간 구두, 그게 그녀의 태몽이라고 그녀의 어머니가 알려주었어 유치찬란한 거짓말일지 모른다는 생각은 들지만 글쎄, 할 수만 있다면 나는 그 꿈으로 들어가보고 싶다네 가서 빨간 구두의 높다란 굽을 뚝 부러뜨리고 싶어 그러고는 유유히 상점을 빠져나와 어둠에 섞이다가 사라져버리는 거야

현실은 이미 사라지는 중이지

눈보라와 입김과 흰빛과 체리 향과 함께 흩어지는

그녀에 대해서는 왜 묻는 거지? 그녀가 세상을 뜬 지는 십 년도 더 지나지 않았나 그래도 자네의 뜬금없는 전화 덕분에 이번 크리스마스는 덜 외로웠으니 그걸로 됐지 어쩌면 자네는 그녀의 딸이거나 그녀의 음악을 기억하는 오래된 팬일 수도 있겠군 현실은 매번 이런 식으로 닥치지 창밖의 젊

은이가 구토하는 소리를 듣고 있자니 정말 크리스마스다워

 그래, 나는 그녀를 참 많이도 울렸다네 사진을 계속 들여다보고 있자니 사진이 움직이는 것 같군 아이의 물기 머금은 눈이 이토록 커다랬나? 꼭 크리스마스트리 장식처럼 흰 페인트칠 벗겨진 방문과 거기에 기대어 웃음을 참는 아내, 그리고 우스꽝스러운 산타클로스 분장을 한…… 나도 한때 행복한 젊은이였다네

12월 26일

산
문

게임은 아니고 쪽팔려도 된다

 이제 진짜 연말이라고 할 수밖에 없는 연말이다. 예상은 했지만 다이어트 계획은 물 건너갔다. 줄줄이 잡혀 있는 약속들, 송년회들. 12월은 정신없이 지나간다. 인생이 흘러가는데 인생에 내가 없는 기분마저 들고는 한다. 인생이 나를 깜빡한 것이다.

 '흥청망청'이라는 부사를 좋아한다. 단어만 봐도 흥겨우니까. 나는 흥청망청 마시고 취하고 피우고 놀고 소진되고 싶다. 12월은 한 해 중 그 어느 때보다 흥청망청 미끄러지기 쉬운 달. 그래서였을까? 그해 12월의 송년회에서 내가 누군가의 감정에 미끄러진 것은.

이십대 초반에 단 한 번, 송년회 겸 중학교 동창회에 나갔다. 그것도 내가 속해본 적 없는 반의 동창회에. 나와는 유치원생 때부터 친하게 지내온 친구가 같이 가자고 나를 잡아끌었던 탓이다. 그리고 그날 그 떠들썩했던 술자리에서 K를 다시 만났다. 나와는 초등학교, 중학교 연속 동창인 K는 군필에 공대생이 되어 있었다. 외양을 유심히 뜯어보지 않아도 가장 두드러져 보이는 점은 단연 키였다. 어릴 때부터 유난히 장신이었던 K는 이제 백구십 센티미터가 넘었지만 빼빼 말라서인지 거구처럼 느껴지지는 않았다. 오히려 전형적인 모델 체형과 같아서 무슨 옷을 걸쳐도 태가 나겠구나, 그런 생각이 들었다. 거기에는 작은 얼굴과 날렵한 턱선도 한몫했다.

중학생 때 K와 같은 반이 되어본 적은 없지만 접점은 많았다. 같은 영어학원에 다녔기 때문이다. K는 꽤 똑똑하고 성실한 아이였다. 내가 모르는 영어 문제를 물어보기라도 하면 화들짝 놀랄 만큼 쑥스러움을 타는 성격이었지만. 아무튼, 모든 동창회가 그렇듯 술을 부어라 마셔라 해댔고 너 옛날에 그랬잖아, 뭔 소리야 네가 그랬어, 웃음기 섞인 고성이 오갔다. 그 당시 한창 유행이었던 딸기막걸리며 파인애플막걸리가 소주파인 내 입맛에 꼭 맞지는 않았지만 새콤달콤한 맛과 향이 그날의 분위기를 풋풋하게 만들어주는 것도 같았다.

 담배를 피우려고 잠시 밖으로 나와서는 찬바람을 깊숙이 들이마셨다. 연초를 입에 물고 불을 붙이자면 금세 손이 얼얼해질 만큼 추운 밤이었다. 어느샌가 겉옷도 없이 따라 나온 K는 비흡연자였다. 추운데 왜 나왔느냐고 묻자 바람 쐬러, 라고 짧게 답하는 K의 귀가 불그스레했다. 그간 몇 번의 연애를 경험해본 나로서는 무시하기 쉽지 않은 시그널이었다. 보지 않아도 느껴지는 K의 떨림이나 붉어진 귀를 추위 탓이겠거니 여길 수도 있었지만…… '진짜'는 뭔가 다르다는 말로밖에는 설명할 길이 없다. 짐짓 아무렇지 않은 척하려 노력하면서도 나는 무슨 말로 이 어색한 공기를 깨트릴지 눈동자를 굴리기 바빴다. 실은 너 나 좋아하냐? 묻고 싶은 마음만 굴뚝같았다. 그런데 뜻밖에도 먼저 입을 연 건 K였다. "나 너 좋아했어. 고등학교 때, 그리고 대학교 합격한 뒤에, 그뒤로도 몇 번인가 너 찾으려고 페이스북 뒤지고는 했었어."

 생각해보니 K는 중학생 때도 나에게 고백을 한 적이 있었다. 그런데 그건 '쪽팔려 게임' 때문이라고 했잖아. 고개를 푹 숙인 K에게 물었다. 쪽팔리냐? 아니. 담배는 꽁초만 남긴 채 금세 타버렸다. 나는 좀 취해 있었고 내가 좋다는 사람에게는 무조건 호감이 생기는 이상한 습성이 있어서 마치 이전에도 K를 좋게 봐온 것처럼 이야기했다. 그래서 우리는 만나보기로 한 것인데.

 맨정신일 때 우리는 설렘인지 어색함인지 구분하지 못하다가 스킨십을 시도했고 낭패를 보았다. 내 딴에는 우정이 아니라 사랑이라는 것을 증명해야 할 것 같은 기분에 시달렸던 탓이다. 마치 연애할 계획을 세우다가 사랑을 깜빡한 것 같았다. '그해 12월, K와 나는 순식간에 서로에게 미끄러졌습니다.' 말하고 싶었지만…… 뱉은 말에 책임을 지기 위해 서로를 황급히 사랑해버릴 수는 없었다. 한 번의 실패에 좌절하지 않고 다시 기회를 주기에 우리는 너무 어렸다. 얼마나 어렸냐면, 사실 이건 다 '쪽팔려 게임'이었어, 말하고 튀고 싶을 정도였다.

  이 글을 쓰는 것까지가 '쪽팔려 게임'의 벌칙 같다. 물론 누구도 시킨 적은 없다. '송년회 때 술에 취해 누군가의 감정에, 혹은 자신의 감정에 미끄러지지 않게 조심하세요' 말하려는 것은 아니다. 연말은 오히려 '쪽팔려 게임'이 허락되는 유일한 시기인 것도 같다. K와는 그뒤로 우연히 시내버스 안에서 만난 적이 있고 그저 그런 안부를 주고받았다. 차갑게 식어버린 감정은 아무런 맛과 향이 느껴지지 않았고 더는 풋풋하지도 않았다. 조금 더 성숙해진 우리는 잘 가, 빙그레 미소 지으며 헤어졌을 뿐이다. 한 시절이 지나갔다는 감각과 함께 나는 버스에서 천천히 내렸다. 미끄러지지 않게. 그리고 버스가 시야에서 사라질 때까지 기다렸다가 집까지 비명을 지르며 뛰어갔다. 그 또한 차디찬 겨울이었다.

12월 27일

산문

나는 이 사랑이 거의 통증처럼 반짝인다고 느껴

그와 함께 영화관에 갔다가 영화가 시작되자마자 밖으로 나온 일이 있다. 시작과 동시에 영화가 지루해진 것은 아니었고, 황급히 그에게 할말이 생겨서도 아니었다. 유난히 규모가 작은 관과 어쩐지 알록달록한 좌석들, 부모와 동행한 어린이들의 재잘거림. 키즈관을 잘못 예매했다는 사실을 더빙이 흘러나올 때야 알아차린 것이다. 그와 나는 동시에 웃음을 참으며 나가자는 신호를 주고받았고, 그 순간은 아마 영화보다 재미있었을 것이다. 우리가 예매한 애니메이션 영화보다도 아니, 할리우드 블록버스터 영화보다도. 처음부터 영화 같은 건 아무래도 상관없었다는 듯이 우리는 홀가분하게 자리를 빠져나왔다. 저녁 뭐 먹을까? 삼겹살? 거대한 복합쇼핑몰을 누비면서 우리가 젊은 부부가 된 것 같다는 망상을 했다. 그와 나는 허울만 친구일 뿐, 아무 사이도 아니었으므로, 바로 그 사실에 마음 아파하면서.

그는 나에게 이런 우정도 있는 거라 생각했다고 말했다. 이런 우정이 있으면 뭐, 그런 우정도 있고 저런 우정도 있나? 친구 많은 티 내지 마세요. 장난스럽게 대꾸하고 싶었지만 그러지 못했다. 나 역시 너에게 특별한 우정을 느껴. 하지만 그 기반에는 사랑이 있어. 그런 말은 더욱이 할 수 없었다. 그가 운전하는 옆모습을 보다가도, 그와 함께 삼겹살에 소주를 마시다가도, 복숭아 깎는 뒷모습을 보다가도, 시시껄렁한 농담을 주고받다가도 온갖 감정이 울컥울컥 치밀어오른다. 하지만 기쁘다. 그것에 대해 프랭크 오하라 식으로 말해볼까.

네가 운전하는 모습을 보는 건 시부야, 오모테산도, 한남동에서 쇼핑하는 것보다 재미있고, 푸르고 맑은 바닷속에서 스노클링하다 바다거북을 만나는 것보다 훨씬 즐거워. 그건 아무런 액세서리도 착용하지 않은 너의 손이 마음에 들기 때문이기도, 어느 정도는 너에 대한 나의 사랑 때문이기도, 어느 정도는 지나가는 개에 대한 너의 사랑 때문이기도, 어느 정도는 한여름의 맥박과 같은 뜨거운 열기와 흔해 빠진 플라타너스 나무 때문이기도 하지. 나는 너를 봐. 그리고 그건 프랭크 오하라나 제임스 테이트 시를 볼 때보다 재미있지.

 짝사랑을 지속하다보면 사람이 뻔뻔해지나? 이제는 매일같이 이런 고백을 일삼는다. 늦은 새벽에도, 자다가 잠깐 깬 상태에서도 네가 부르면 바로 갈 수 있을 것 같아. 심지어 향수도 뿌릴 것 같아. 차를 사고 싶지만 돈을 모아야 한다는 그에게는 이렇게 대답한다. 결혼기념일에 사줄게. 한……삼 주년쯤?

 어떤 애정 표현은 과장된 것 같고, 실제로 과장일 수 있다. 하지만 나는 그것이 가장 정확하게 감정을 전달하는 방식일지도 모른다고 생각한다. 오히려 너무 솔직해서 말이 되지 않는 말들, 때로는 어이없거나 우스꽝스럽게까지 느껴지는 말들이야말로 있는 그대로의 감정을 꺼내보이려는 시도일지도 모른다. 멋진 여행지에 다녀온 사람들이 그곳이 얼마나 좋았는지에 대해 말할 때 으레 그렇듯이.

그와 내가 어떤 사이로 발전하게 될지는 아직 잘 모르겠다. 어쩌면 발전하지 않을지도 모른다. 서먹하지만 이따금 인사를 나누던 사이로 돌아가거나 이대로 고착되어버릴지도. 나는 매일 고백하고, 그는 신중하다. 그러나 내 고백이 구체적이듯이 그의 고민 또한 구체적일 것이다. 요즘은 구체적인 사랑에 대해 자주 생각한다. 그건 세번째 결혼기념일에 차를 사는 일이 될 수도 있겠지만, 맞잡았던 손을 놓아줄 때, 읽을 수 없는 지문이 내 손에서 흘러내리는 감각을 기억해두는 일이 될 수도 있다. 그때가 되면 오래오래 곱씹어야지. 오래오래 즐거웠다고.

하지만 정말은, 그와 사랑이 하고 싶다. 집에서 콜라를 나눠 마시다가 티셔츠에 흘려버려 잔소리를 듣고 싶다. 그가 어릴 적 살았던 동네를 산책하다가 슈퍼에서 아이스크림을 사 먹고 싶고, 미술관에서 세계적으로 유명하고 훌륭한 미술 작품을 빤히 들여다보다 '너 닮았다' 말하고는 어깨를 으쓱이고 싶다. 내가 쓰는 몇몇 글에는 그에 대한 단상이 기입

되기도 하겠지만, 그건 그저 텍스트일 뿐…… 다들 어떤 멋진 사랑에 속아 넘어가는 것 같고, 나에게는 틀림없이 통해서, 그래서 너에게 이렇게 말하고 있잖아.*

---

* 프랭크 오하라, 「Having a Coke with You」 마지막 문장을 변용함.

12월 28일

시

누덕누덕

내일이 지구의 종말이라면 뭘 하고 싶어?
아무 일도 아니라는 듯이 너를 푹 재우고 싶어

이제는 종말도 시시해

*

창밖의 나뭇가지가 앙상해 내가 말하면 너는 서랍에서 양말을 꺼내 신겨준다 정수리의 가마가 예쁘다 나를 얌전하게 만든다 나에게도 그런 부위가 있나

두통약을 일부러 엎지르고 우는 나를 식탁 앞에 앉히는 너에게는 표정이랄 것이 있는지 때로는 애정보다 표정을

가늠하는 일이 어렵지 생각은 버섯 농장의 포자처럼 가득해지고 그것은 대체로 불가해하다 돌아누운 너의 어깻죽지를 오래 바라보면 돋아나는 슬픔이 그렇듯

  우리가 거울처럼 서로에게 가해하던 시절
  일그러진 얼굴을 사랑스러워하면서 철철 흘려 보냈어

너의 이마에 핏자국 아직 말라붙어 있는 것 같다 그건 알아보기 힘든 글씨체처럼 구불거리고 아니 그보다 좀더 복잡하고 나는 그저 뉘앙스를 바꾸고 싶었던 것 같아 더러워진 침대 위에서 지저분하게 잠들고 싶었던 것 같아 깍지 낀 손처럼 꼭 잠긴 시간 속에서

  종이비행기 여전히 추락하고 있어
  작년에 네가 창밖으로 던진 그거 말이야

  발치로 툭 떨어진 미래를 어떻게 할래?

  거울을 들여다보면 따분하지만 시시각각 모양이 달라지

는 상처가 예쁘다

*

우리는 점점 더 닮아가고 있어
서로의 관상용이 되기는 싫어

어항 속으로 비가 내린다 기르던 금붕어는 죽고 없는데 비늘만 남아 반짝인다 도무지 녹지 않는다 그러나 어항의 바깥에는 떠내려가는 것이 있지 파쇄된 편지 조각들과 지난여름 축제에서 띄워올린 풍등과 지느러미처럼 흔들리는 수양버들잎 플라스틱 숟가락에 개어주던 가루약 같은 약속들

이것만 삼키면 끝이야
나는 너에게 사기를 치려는 것 같아

너의 손아귀에서 빈 페트병 구겨지는 소리
나에게 종말을 가르치는 건 이렇게 쉬워

추워

새벽에 배수관을 타고 물이 흐를 때 너 이불 속에서 웅크릴 때 맨발을 쥐어보고도 싶을 때 약간 죽고 싶은 마음은 숨겨야지 내 고백에서는 비린내가 나니까 어떤 악행보다도 잘못된 열망을 지녔으니까

상한 마음으로 먹구름 끼어든 지 오래
오후에 내린 비가 어쩜 일어서 솟기 시작하네

끝났다는 건 다음으로 가야 한다는 거지 바보야

우리가 구사했던 사랑을 기억해?
붉은 풍등에 내 소원은 너라고 적었던 일

종말까지 삼십 분 전

이것 봐 일 년 내내 접은 종이비행기가 이만큼 쌓였어

우리가 바보 같은 충동 속에서 유쾌했던 시절

일그러진 얼굴을 자랑스러워하면서

*

　버섯을 가지고 노느라 흙먼지가 뒤덮인 손으로 파헤친 뒤뜰에는 아무것도 없다 내가 아직 학교에 다닐 적에 분명히 묻어두었는데 불안이 잠잠해질 때까지 파헤치려다가 그건 정말 아무 일도 아니라는 너의 말에 긴 잠을 자고 일어난 것처럼 어리둥절해지고

　그러니까 내가 무엇을 묻어두었더라 기껏 꺼낸 흙더미를 도로 채워넣듯 너는 내 등을 한참 동안 쓸고 다독거렸어 웃어야 할지 울어야 할지 모르겠는 기분 속에서 아늑함을 느껴

　우리는 우리를 무력하게 만드는 데 재능이 있어

　사랑을 곧잘 자랑으로 읽는 나와 자랑을 사랑으로 읽는 네가 동시에 무력할 수 있다는 게 좋아서

나는 자랑해 자랑할 만한 사랑이 아닐지라도 자랑해본 적이 있다는 것에 대해

세수를 하고 물기에 젖은 이마와 뺨과 코와 턱을 닦고 작은 창으로 밖을 건너다보면 누덕누덕 햇살이 눈부시다 어떤 운명은 단지 오늘의 운세 같고 또 거대한 운석 같지 세계를 박살내려왔어요

그러나 아직은 네가 잠들어 있다
일단 너를 좀더 깊이 재워야겠고

숱하게 부서져본 햇살 조각들이 넘실거리는 종말의 아침 풍경 속에서 우리는 약간 얼빠졌고 무력하다 이 사랑은 아주 시시한 반칙 같아

반칙보다는 변칙 앞에서 발끈하는 너에게
점심 반찬으로 미나리를 먹이고 싶다

12월 29일

일
기

기억 이후의 기억

 첫사랑과 결혼을 하고 아기를 낳아 기르는 꿈을 꿨다. 꿈 속의 그는 나를 장난스러우면서도 사랑스럽게 대했고 아기에게 다정했다. 아기띠를 멘 채로 아기를 업은 그를 볼 때 나는 깊고 따뜻한 안도감 속에서, 이거 꿈이구나, 깨달았다. 지나치게 현실감이 없었기 때문에 그저 구름처럼 포근한 기분만을 느꼈다. 아기를 재우기 위해 거실과 주방을 하염없이 서성이던 그는 이따금 나를 향해 웃어주었다. 어떤 불안과 서글픔도 없이 나도 따라 웃었다. 과거나 미래가 아닌 지금 이 꿈이라는 아주 순간적이고 개인적인 시간성. 그 시간성 속에서 나는 온갖 과거와 미래가 동시에 엄습해오는 것을 느낀다.

끝나버린 어떤 사랑들이 매일 밤 거대한 이불처럼 나를 뒤덮는다. 여기서는 안심해도 좋다는 듯이 아늑하고 캄캄한 어둠을 드리운다.

실은 네가 없어서 너를 마음껏 사랑할 수 있었어. 충만하고 평온했지. 너와의 사랑이 더는 끝날 일 없으니.

12월 30일

시

청량리역

기차표를 고르지 못한 채
오래 기다렸으니까요

우산 모양의 플라스틱 용기에 든
별사탕을 엄마는 절대로 사주지 않았지
바둑알처럼 생긴 초콜릿도
이제는 어디서도 그런 간식을 팔지 않아
기차역에서 신문을 팔지 않아

생산이 중단된 슬픔도 있지 아주 멀리까지
가고 싶은 마음과 보내고 싶은 마음이
교차하는 순간

지금 떠나세요, 현수막에 적힌 문장을 읽을 때
어디로 가는지 모르는 마음이 되고

친구들과 종종 이곳에서 만났지
밥과 커피를 사 먹고
옷 구경을 하다가 갈 길을 잃으면
대합실에 앉아 사람 구경했어
끝나지 않을 이야기만 나눴어

이를테면 지나쳐온 역들
눈이 비로 변해가던 지난 휴가 같은 것
바닷가의 상인은 반짝이는 풍선을 팔았지
우산이나 우산 속 별사탕은 없어서
쏟아지는 별과 비를 맞았지

나는 내가 중단이 안 돼
슬픔은 양심 없는 상인처럼 바가지를 씌운다
손사래 치며 안 산다고 말해도 이곳은

부푼 마음이 꾸역꾸역 넘쳐나는구나

한 짐씩 들고서

입장하거나 퇴장하는 사람들

수많은 거리를 지나쳐 도착한 대합실이었다

12월 31일

산
문

폐장한 놀이공원에 끝까지 남아 있을 사람

 매일매일이 축제 같을 리는 없다. 이동식 놀이공원 같은 곳에서 살기를 꿈꾸던 때도 있었지만. 놀이공원 또한 주거지가 돼버리면 화려한 퍼레이드나 폐장 직전의 불꽃놀이마저 지루하게 느껴질지도 모른다. 추로스를 사 먹다가도 입가에 묻는 설탕이 지긋지긋하다고 여길 수 있겠지. 실은 놀이공원에 살기보다는 놀이공원에 살지 않는 나를 사람들이 놀이공원처럼 생각해주기를 바랐다. 너를 만나면 재미있어. 너와 함께 사진 찍고 싶어. 너의 이곳저곳을 둘러보고 싶어. 호기심을 부추기는 사람이 되고 싶었다. 의심의 여지가 없는 투명한 행복과 고무줄같이 팽팽한 재미를 끊임없이 제공하고 싶었다. 마지막 코스로 사람들이 대관람차에 올라타면 계절감에 맞는 꽃과 장식들을 잔뜩 두르고 색

색의 조명을 은근하게 켜둔 나의 내면을 구경해주기를 바랐다. 하필이면 놀이공원을 닮고 싶어한 탓일까? 한번 나를 방문한 이들은 좀처럼 다시 찾아오지 않았다. 볼장 다 봤다는 듯이 미련 없이 등을 돌렸다.

사람들이 나와 함께하는 동안 즐거운지 늘 궁금하다. 거듭 확인하고 싶다. 그러지 못할 때는 조바심을 내고는 한다. 뼛속 깊이 새겨진 서비스 정신 탓인가. 어쩌면 이런 태도가 사람들을 질리게 했을지도 모른다. 아직도 내 꿈은 장난감 가게나 선물 가게, 달콤한 초콜릿과 사탕을 파는 가게의 주인이 되는 것이다. 왜 이토록 누군가에게 기쁨이나 즐거움을 주는 데에 집착하는 것일까, 생각하다보면 고개를 젓게 된다. 아니지, 아니야. 사람들이 방문하지 않는 놀이공원은 천천히 녹슬어가는 폐허가 될 뿐이야. 아무도 오지 않는 가게들도 버티다 버티다 문 닫기 마련이겠지. 어쩌면 나는 사람들이 맹목적으로 나를 찾아주기를 원할 뿐인지도 모르겠다. 이기적이게도.

이런 이야기를 하려던 것은 아니었다. 축제가 아닌 일상을 어떻게 사랑할 수 있는지 이야기하려고 했다. 아 웃겨. 아 재미있어. 같이 있는 것만으로 흥겹고 행복해서 웃음을 멈추지 못하게 하던 친구들 몇몇은 나와의 관계를 멈추었다. 손쉽게 또는 쉽지만은 않게, 그러나 가뿐히 중단. 우리가 왜 이렇게 됐지? 갸웃해하다 슬퍼지고 마는 밤은 지금도 종종 찾아온다. 그래도 매일 잠들고 눈을 뜨고 밥을 먹고 커피를 마시고 일을 한다. 지루한 풍경, 이라고 적고 그것에 속한 내가 가장 지루하다는 생각을, 그 지루한 생각을 덧붙인다. 그런데 정말로 지루한가? 축제가 아닌 일상. 장난감이 든 상자를 리본으로 묶어 팔지 않고 헬륨이 든 캐릭터 풍선을 손에 쥐지 않은 일상이라고 보잘것없지는 않다. 자세히 들여다보면 안다.

단골 카페의 단골 자리에 앉으면 건너편에서 뜨개질하는 나이든 여자가 어김없이 보인다. 내적 친밀감을 느낀다. 비록 나를 미치게 웃기고 울렸던 친구 중 하나는 아닐지라도. 바뀐 아르바이트생은 친절하다. 자주 웃어주지는 않지만 눈을 맞추고 내 주문에 귀기울인다. 카페 사장님은 음료를 마시다가 테이블을 닦다가 한다. 동시에 할 수는 없어서 음료를 마실 때는 손을 멈춘다. 그것이 귀엽다.

 새벽 세시쯤에는 홀로 깨어 곤히 잠든 연인의 옆얼굴을 바라보고는 한다. 그럴 때면 왜 괜한 애틋함을 느끼게 되는 걸까. 그것도 울컥할 정도로. 깊은 어둠에 잠겨 잘 보이지 않는 것들을 읽으려 나는 졸린 눈을 느리게 깜빡인다. 연인의 표정과 기분과 감정, 나의 마음. 사실은 어둠에 잠기지 않아도 잘 보이지 않는 것들. 그렇기에 따라오는 애틋함. 애틋함은 내게 낭패감과 같다. 언젠가 이 순간을 그리워하게 되리라는 슬픈 예감과 같다. 예감 속에서

 내가 놓쳐버린 인연들을 떠올린다. 잠시 나를 들렀다 간 사람들. 다시는 만날 수 없는 사람들. 그래서 그들은 나와 함께할 때 즐거웠나? 왜 아닐까. 나는 누군가의 놀이공원이 아니고 놀이공원에 살아본 적도 없지만 나의 일상이 축제가 왜 아닐까. 언젠가 그리워하게 될 순간들로 가득한 이곳은 이미 축제가 한창인지도 모른다. 하지만 축제가 끝난다고 해서 이 삶을 사랑하지 않을 자신이 없다. 나를 들렀다 간 사람들에게 잘 들어갔어? 물을 수 없다고 해도 나는 여

기 남아 나의 일상을 산다. 나를 산다. 매일의 날씨를 가늠하면서 크고 작은 고민에 잠기고 한순간 사랑에 빠지기도 한다. 사랑에 빠지는 대상은 나일 수 있고 인생일 수 있다. 하지만 긴장하길. 당신이 될 수도 있으니까.

당신은 당신의 삶을 사랑할 수 있는가? 축제가 아닐지라도, 혹은 단지 축제일 뿐일지라도.

29.9세

ⓒ 고선경 2025

초판 1쇄 인쇄 2025년 11월 20일
초판 1쇄 발행 2025년 12월 1일

지은이 고선경

책임편집 유성원
편집 정가현 민윤지 정수범
표지디자인 한혜진 **본문디자인** 이원경
저작권 박지영 형소진 주은수 오서영 조경은
마케팅 정민호 박치우 한민아 이민경 박진희 황승현 김경언
브랜딩 함유지 박민재 이송이 박다솔 조다현 김하연 이준희
제작 강신은 김동욱 이순호
제작처 영신사

펴낸곳 (주)난다
펴낸이 김민정
출판등록 2016년 8월 25일 제406-2016-000108호
주소 10881 경기도 파주시 회동길 210
저작권 및 독자문의 copyright_nanda@munhak.com
작가섭외 및 행사문의 innanda@munhak.com
인스타그램 @nandaisart **페이스북** @nandaisart **엑스** @wingedpoems
문의전화 031-955-8865(편집) 031-955-2689(마케팅) 031-955-8855(팩스)

ISBN 979-11-24065-03-7 03810

○이 책의 판권은 지은이와 (주)난다에 있습니다.
○이 책 내용의 전부 또는 일부를 재사용하려면 반드시 양측의 서면 동의를 받아야 합니다.
○난다는 (주)문학동네의 계열사입니다.
○잘못된 책은 구입하신 서점에서 교환해드립니다.
 기타 교환 문의 : 031-955-2661, 3580